D1809295

Eva Wiemers

Dystopien in aktueller Kinder- und Jugendliteratur und als Thema im Deutschunterricht

Suzanne Collins' Die Tribute von Panem

Bachelor + Master
Publishing

Wiemers, Eva: Dystopien in aktueller Kinder- und Jugendliteratur und als Thema im Deutschunterricht: Suzanne Collins' Die Tribute von Panem, Hamburg, Bachelor + Master Publishing 2013

Originaltitel der Abschlussarbeit: Dystopien in aktueller Kinder- und Jugendliteratur und als Thema im Deutschunterricht: Suzanne Collins' Die Tribute von Panem

Buch·ISBN: 978-3-95549-254-0
PDF·eBook·ISBN: 978-3-95549-754-5
Druck/Herstellung: Bachelor + Master Publishing, Hamburg, 2013
Zugl. Georg·August·Universität Göttingen, Göttingen, Deutschland, Masterarbeit, Juli 2012

Bibliografische Information der Deutschen Nationalbibliothek:
Die Deutsche Nationalbibliothek verzeichnet diese Publikation in der Deutschen Nationalbibliografie; detaillierte bibliografische Daten sind im Internet über http://dnb.d-nb.de abrufbar.

Das Werk einschließlich aller seiner Teile ist urheberrechtlich geschützt. Jede Verwertung außerhalb der Grenzen des Urheberrechtsgesetzes ist ohne Zustimmung des Verlages unzulässig und strafbar. Dies gilt insbesondere für Vervielfältigungen, Übersetzungen, Mikroverfilmungen und die Einspeicherung und Bearbeitung in elektronischen Systemen.

Die Wiedergabe von Gebrauchsnamen, Handelsnamen, Warenbezeichnungen usw. in diesem Werk berechtigt auch ohne besondere Kennzeichnung nicht zu der Annahme, dass solche Namen im Sinne der Warenzeichen- und Markenschutz-Gesetzgebung als frei zu betrachten wären und daher von jedermann benutzt werden dürften.

Die Informationen in diesem Werk wurden mit Sorgfalt erarbeitet. Dennoch können Fehler nicht vollständig ausgeschlossen werden und die Diplomica Verlag GmbH, die Autoren oder Übersetzer übernehmen keine juristische Verantwortung oder irgendeine Haftung für evtl. verbliebene fehlerhafte Angaben und deren Folgen.

Alle Rechte vorbehalten

© Bachelor + Master Publishing, Imprint der Diplomica Verlag GmbH
Hermannstal 119k, 22119 Hamburg
http://www.diplomica-verlag.de, Hamburg 2013
Printed in Germany

Inhaltsverzeichnis

1. Einleitung

„Die Lust am Weltuntergang"[1], so lautet die Überschrift eines Artikels in der Zeitschrift Focus Schule im Dezember 2011 und verweist damit auf den derzeitigen Erfolg dystopischer Romane für Kinder und Jugendliche auf dem deutschen Buchmarkt. Der Artikel nennt mit sieben ausgewählten Titeln dieses Genres nur einen Bruchteil der seit 2008 erschienenen, zahlreichen Werke, führt jedoch an erster Stelle das als Ausgangspunkt dieses Hypes verstandene Werk an: Die Trilogie *Die Tribute von Panem* von Suzanne Collins. Der erste Band *Die Tribute von Panem. Tödliche Spiele*[2] erschien 2008 in den USA unter dem Titel *The Hunger Games* und hat zusammen mit den beiden anderen Teilen der Trilogie seitdem eine Gesamtauflage von über 36,5 Millionen (Stand März 2012) Büchern erreicht.[3] Alle drei Titel wurden mit zahlreichen Preisen ausgezeichnet. In Deutschland verkauften sich Band 1, der zweite Band *Die Tribute von Panem. Gefährliche Liebe*[4] *(Catching Fire)* und der finale Band aus dem Jahr 2007 *Die Tribute von Panem. Flammender Zorn*[5] *(Mockingjay)* bereits über 1 Millionen mal.[6] Zudem wurden die Bücher auch im deutschsprachigen Raum mit mehreren Preisen bedacht, so beispielsweise *Tödliche Spiele* mit dem „Preis der Jugendjury" des deutschen Jugendliteraturpreises.[7] Alle drei Bände wurden als Hörbücher veröffentlicht und der erste Band als Kinofilm umgesetzt.

Obwohl das Phänomen des Erfolges dystopischer Literatur für Kinder und Jugendliche in der Presse stark diskutiert wurde, ist es im Kontext der literaturwissenschaftlichen Forschung bisher noch kaum berücksichtigt worden. Erst für die zweite Hälfte des Jahres 2012 kündigen sich erste Veröffentlichungen an.[8]

Diese Arbeit soll daher einen kleinen Beitrag zur Erforschung dystopischer Elemente innerhalb der Kinder- und Jugendliteratur[9] leisten und sich zudem mit der Frage auseinandersetzen, inwieweit *Die Tribute von Panem* beispielhaft für diese Literaturgattung

---

1 Bücher für Kinder. Die Lust am Weltuntergang. In: Focus Schule online 6 (2011), 01.12.2011. (http://www.focus.de/schule/magazin/archiv/buecher-fuer-kinder-die-lust-am-weltuntergang_aid_684424.html, 17.03.2012).
2 Suzanne Collins: Die Tribute von Panem. Tödliche Spiele. Hamburg 2009.
3 Vgl. Scholastic Media Room. (http://mediaroom.scholastic.com/node/557, 07.07.2012).
4 Suzanne Collins: Die Tribute von Panem. Gefährliche Liebe. Hamburg 2010.
5 Suzanne Collins: Die Tribute von Panem. Flammender Zorn. Hamburg 2011.
6 Vgl. Verlagsvertretung Taubner. (http://www.verlagsvertretung-taubner.de/index.php? option=com_content&view=category&id=1&layout=blog&Itemid=20, 07.07.2012).
7 Vgl. Pressemappe des Oetinger Verlags zu *Die Tribute von Panem*. (http://www.dietributevonpanem.de/fileadmin/user_upload/Panem/Pressemappe_Collins_Die_Tribute_von_P anem.pdf, 17.03.2012).
8 Vgl. kjl&m forschung.schule.bibliothek. Geplante Themen der folgenden Hefte: 3/12 – Anti-Utopien. (http://www.ajum.de/html/kjl&m/kjl&m.html, 17.03.2012).
9 Der Begriff der Kinder- und Jugendliteratur wird im Folgenden mit KJL abgekürzt.

im Deutschunterricht behandelt werden kann. Die Bücher werden somit nicht nur aus einem literaturwissenschaftlichen, sondern auch aus einem didaktischen Blickwinkel betrachtet.

Da sich diese Arbeit mit Romanen beschäftigt, die vornehmlich an Jugendliche adressiert sind, soll zur Einführung ein Überblick über die Forschungslandschaft der KJL gegeben und die Trilogie von Suzanne Collins im Gesamtsystem der KJL genauer verortet werden. Auch im Hinblick auf die nachfolgende Problematisierung der Gattungszugehörigkeit soll diese Einführung für ein besseres Verständnis des jugendliterarischen Diskurses und seiner älteren und jüngeren Entwicklungen sorgen. Betrachtet man die vielfältigen Gattungsbezeichnungen innerhalb der KJL-Forschung, ist die Zuordnung der Trilogie zum Genre der Dystopie bzw. Anti-Utopie nicht unbedingt selbstverständlich. Sie soll daher von verwandten Gattungen abgegrenzt werden. Auch die häufige Mischung verschiedener Genres soll an dieser Stelle thematisiert werden.[10]

Nachdem also in einem ersten Schritt *Die Tribute von Panem* im System der KJL eingeordnet wird, sollen im ersten Hauptteil der Arbeit zunächst ausgewählte, zentrale Merkmale aus den klassischen[11] Dystopien *Brave New World*[12] von Aldous Huxley und *Nineteen Eighty-Four*[13] von George Orwell herausgearbeitet und in einem zweiten Schritt an den drei Büchern der Panem-Trilogie nachgewiesen werden. Da die Zuordnung zur Gattung der Dystopie nach inhaltlichen Gesichtspunkten erfolgt, beschränkt sich dieser Untersuchungsaspekt auf Merkmale jener Textebene. Thematische, sprachliche und formale, sowie normative Aspekte der Gattung werden im zweiten Hauptteil genauer betrachtet. In diesem ersten Untersuchungsschritt interessiert zunächst inwieweit tradierte Muster des Erwachsenenliteratur-Genres Dystopie auch in Texten für Kinder und Jugendliche verwendet werden, aber auch welche Grenzen dieser Übertragung durch den Adressatenwechsel gesetzt

---

10 Die Begriffe Gattung und Genre werden in dieser Arbeit synonym verwendet (vgl. Klaus Weimar et al. (Hrsg.): Reallexikon der deutschen Literaturwissenschaft. Neubearbeitung des Reallexikons der deutschen Literaturgeschichte, Bd. 1. Berlin et al. 2007, S. 704).

11 Als Klassiker werden innerhalb dieser Arbeit Texte betrachtet, die sich als norm- oder stilbildend auszeichnen, also exemplarisch für ihre Gattung sind und damit einen Bezugspunkt für andere Texte darstellen (vgl. Elena Zeißler: Dunkle Welten. Die Dystopie auf dem Weg ins 21. Jahrhundert. Marburg 2008, S. 37). Neben dieser normativen Ebene ist historisch betrachtet ebenso ausschlaggebend, dass diese als klassisch bezeichneten Texte und ihre Thematik über einen langen Zeitraum bekannt, aktuell und somit gewissermaßen zeitlos geworden sind. Auch der Erfolg beim Lesepublikum und die Relevanz für die Forschung und den Diskurs sind für den Status als Klassiker relevant. Die Bedeutung der hier als beispielhaft für dystopische Literatur ausgewählten Werke zeigt sich zudem durch die Erwähnung in allen verwendeten Sekundärtexten zum Thema und erhält dadurch eine gewisse Legitimation. Es sei auch darauf hingewiesen, dass die Bezeichnung klassische Dystopie der Definition Zeißlers folgt, die durch die Verwendung des Begriffes eine inhaltliche Abgrenzung gegenüber postmodernen Dystopien seit den 1980er Jahren vornimmt (vgl. Ebd., S. 59).

12 Aldous Huxley: Brave New World. London 1994.

13 George Orwell: Nineteen Eighty-Four. London 2000.

sind.

Zur Vorbereitung auf die Analyse erfolgt der Einstieg in die Thematik mit einem Überblick über die Entwicklung des Genres der Anti-Utopie in der Erwachsenenliteratur unter Berücksichtigung der Ursprungsgattung der Utopie.[14] Es folgt ein kurzer Abriss über die verschiedenen Begriffsvariationen mit denen dieses breit gefächerte Genre in der Forschung zu erfassen versucht wurde, sowie eine Darstellung des grundsätzlichen Erzählmusters, das sich in modifizierter Form in den meisten Texten der Gattung wiederfinden lässt. Für diese theoretische Einführung in das Thema werden vor allem Untersuchungen der letzten fünfzehn Jahre herangezogen, die einen vielfältigen Überblick über die Geschichte des Genres und seiner neueren Entwicklungen bieten.

Im zweiten Hauptteil soll exemplarisch an *Die Tribute von Panem* gezeigt werden, wie das Genre der Dystopie in Texten für Kinder und Jugendliche umgesetzt werden kann. Ausgangspunkt ist dafür die bei Hans-Heino Ewers beschriebene Norm der Kinder- und Jugendgemäßheit, die einführend kurz umrissen wird. Diese Anpassung eines Textes an die spezifische Zielgruppe der Kinder und Jugendlichen wird bei Ewers mit dem Begriff der Akkomodation erfasst und auf verschiedenen Textebenen untersucht. Dieses Instrumentarium zur Erfassung der kinder- und jugendgemäßen Gestaltung soll im weiteren der Analyse der dystopischen Merkmale in *Die Tribute von Panem* dienen.

Auf Basis der Untersuchungsergebnisse soll in einem letzten Schritt eine Beschäftigung mit einer möglichen Umsetzung der Trilogie im Deutschunterricht erfolgen. Dabei werden überblicksartig möglichst vielfältige Ansätze in Form einer offenen Ideensammlung entwickelt. Diese orientiert sich an den curricularen Vorgaben für den Deutschunterricht, was zu einer Beschränkung auf die Umsetzung in der Sekundarstufe I führt, da eine Einbeziehung dystopischer Jugendromane in der Sekundarstufe II durch die engen Vorgaben für das Zentralabitur zur Zeit schwierig umsetzbar sind. In einer kurzen Einführung sollen jedoch trotzdem einige Ansatzpunkte für die Beschäftigung mit *Die Tribute von Panem* in der gymnasialen Oberstufe gegeben werden, da es trotz der mangelnden Berücksichtigung in den Lehrplänen gute Gründe für die Beschäftigung mit Jugendliteratur in dieser Klassenstufe gibt.

---

14 Die Entwicklung des Genres über den Entstehungszeitraum der hier betrachteten klassischen Dystopien erfolgt auf Grund der notwendigen Einschränkung innerhalb dieser Arbeit nur überblicksartig.

2. Einordnung

2.1 Kinder- und Jugendliteratur

2.1.1 Definition

Die Menge und Vielfalt an Büchern, die seit der Entstehung dieses Literaturzweigs und aktuell für Kinder und Jugendliche geschrieben bzw. veröffentlicht und von diesen gelesen wurden und werden, ist nahezu unüberschaubar. Es gestaltet sich daher innerhalb der Literaturforschung seit jeher schwierig bis unmöglich, eine übergreifende Definition dieses kulturellen Phänomens zu finden. Hans-Heino Ewers verweist darauf, dass wir es

> bei der Kinder- und Jugendliteratur nicht mit einem klar umgrenzten Gegenstandsfeld, sondern mit einer Mehrzahl, einer Gruppe kultureller Felder zu tun haben, die sich zwar in hohem Maße überlappen, doch jeweils verschiedene Ränder aufweisen.[15]

Ewers zeigt in seinem Aufsatz „Was ist Kinder- und Jugendliteratur?"[16] zwei verschiedene Definitionsversuche, die zu unterschiedlichen Einordnungen geführt haben. Der erste Ansatz geht von der Bildung eines Textkorpus auf Grundlage „Literaturbezogene Handlungen"[17] aus. Darunter werden die Rezeption von Texten durch die Kinder und Jugendlichen und Handlungen im Bereich der Literaturproduktion (Autor) und -vermittlung (Buchmarkt und Verlage) gefasst. Die jüngere Kinderliteraturforschung verfolgt mit diesem Ansatz die Absicht das gesamte Feld, das System der KJL, zu erfassen und zu beschreiben. Dabei wird unter dem Begriff der Kinder- und Jugendlektüre zusammengefasst, was tatsächlich von der jungen Leserschaft rezipiert wird, also von den kindlichen oder jugendlichen Lektüreentscheidungen ausgegangen. Der Bereich der intentionalen KJL ergibt sich hingegen aus der „Deklarierung von literarischen Werken oder Gattungen zur potentiellen Kinder- und/oder Jugendlektüre."[18] Sind die Texte der Aussage des Autors nach explizit für diese Zielgruppe verfasst, werden sie der spezifischen KJL zugeordnet.

Der zweite Ansatz geht von einer Korpusbildung auf Textebene aus, wodurch versucht wird, „Kinder- und Jugendliteratur als ein besonders literarisches Symbolsystem zu definieren."[19] Da diese Kategorisierung zu mannigfaltigen Einordnungsversuchen geführt hat, liefert Ewers nur eine Typologie dieser Bestimmungen. Die Erziehungs- bzw. Sozialisationsliteratur wird

---

15 Hans-Heino Ewers: Was ist Kinder- und Jugendliteratur? Ein Beitrag zu ihrer Definition und zur Terminologie ihrer wissenschaftlichen Beschreibung. In: Taschenbuch der Kinder- und Jugendliteratur, Bd. 1, hrsg. von: Günter Lange. Baltmannsweiler 2005, S. 2.
16 Ebd.
17 Ebd., S. 5.
18 Ebd., S. 6.
19 Ebd.

nach ihren Inhalten bestimmt und stellt sich „mit der Vermittlung von Wissen und der Propagierung von Normen [...] in den Dienst der – religiösen, intellektuellen, moralischen oder politischen – Erziehung."[20] Mit Bezug zum kindlichen oder jugendlichen Leser ergibt sich die Bestimmung einer an Kinder und/oder Jugendliche adressierten Literatur. Diese Definition wird mit der kind- oder jugendgemäßen Literatur um die Norm der Leseradäquatheit erweitert, was sich „in den letzten Jahrzehnten zur lexikalischen Standarddefinition"[21] etabliert hat und deshalb als Analysekriterium zur Untersuchung der Bücher von Suzanne Collins ausgewählt wurde. Wenn KJL auf der Ebene der Struktur als einfache Literatur eingeordnet wird, ergibt sich daraus die Bestimmung als Anfänger- oder Einstiegsliteratur. Eine Einordnung der Texte für Kinder und Jugendliche als Kunstwerke oder als Bestandteil der Kunstliteratur grenzt ästhetisch minderwertige KJL aus. Diese Ausgrenzung von Ausprägungen, die nicht zum eigenen Definitionssystem passen, liegt allen normativen und wertenden Bestimmungsversuchen dieser zweiten Gruppe zu Grunde. Daher bewertet Ewers diese Gegenstandseingrenzung im Bezug auf ihren Exklusivitätsanspruch als zu eng, allerdings als „wissenschaftlich durchaus verwendbar."[22] Mit Hilfe der erstgenannten normübergreifenden Bestimmungen sei hingegen eine sehr abstrakte, aber „wissenschaftlich vertretbare Gegenstandseingrenzung"[23] durchaus möglich.

Die Tribute von Panem lässt sich mit Hinblick auf die Empfehlung des Verlages (ab 14 Jahren), die Verkaufszahlen, Rezensionen und die Aussagen der Autorin innerhalb der ersten Gruppe als intentionale, intendierte und spezifische Jugendlektüre einordnen. Mit Bezug auf die potentielle Leserschaft kann sie nach der zweiten Gruppe als eine an Jugendliche adressierte Literatur eingestuft werden. Ob und inwieweit sie dabei auch dem Kriterium der Kind- und Jugendgemäßheit entspricht, soll im vierten Kapitel dieser Arbeit mit dem Fokus auf die dystopischen Merkmale der Trilogie ermittelt werden.

2.1.2 Geschichte

Im „Taschenbuch der Kinder- und Jugendliteratur" wird die Geschichte der KJL von ihren Anfängen bis in die Gegenwart dargestellt. Für die Entwicklung der KJL ist zentral, dass in den 1960er Jahren die Kindheitsvorstellung einer entscheidenden Veränderung unterworfen war und es zu einem kinderliterarischen Themen- und Formenwandel kam, der zu einer Abkehr von der Vorstellung führte, KJL primär als Erziehungs- und Sozialisationsliteratur zu

---

20 Ebd., S. 7.
21 Ebd.
22 Ebd., S. 9.
23 Ebd.

betrachten und das „kindliche Lustprinzip" zum Erzählprinzip erklärte.[24]

Die Entwicklung der Jugendliteratur von der Nachkriegszeit bis zum modernen Jugendroman soll hier nicht im Detail nachgezeichnet werden, allerdings sei erwähnt, dass, mit wenigen Ausnahmen, zunächst „jene Titel, die eine Annäherung an aktuelle Lebenssituationen versucht haben, noch ganz in der Tradition der moralischen Beispielgeschichte"[25] standen. Mit den 1970er Jahren und als Folge der 68er-Bewegung rücken die Gemeinsamkeiten von Kindern und Erwachsenen in den Vordergrund, wodurch es zu einer

> Veränderung der Themen, der literarischen Formen und Gattungsmuster, der Funktion und Grenzziehung [zwischen der KJL und der Literatur für Erwachsene, E:W:] [kommt]; es beginnt die Annäherung kinderliterarischer Erzählweisen an solche, die bislang nur in der Erwachsenenliteratur zu finden waren.[26]

Im Laufe der achtziger und neunziger Jahre kommt es zu einer Modifikation des kinderliterarischen Realismus durch die Fokussierung auf das Ich und die kindliche Psyche, die sich in Form des psychologischen Kinderromans als führende moderne Gattung durchsetzt.[27] Neben dem beschränkten Formenarsenal (personales Erzählen und Ich-Erzählung), dass mit dieser Veränderung einhergeht, erfährt die KJL in den neunziger Jahren auch eine Wiederbelebung auktorialer Erzählformen. Im Bezug auf die literarästhetische Dimension lässt sich in diesem Zeitraum „eine fortschreitende Differenzierung der Erzählstrukturen"[28] verzeichnen. Dieser „qualitative Sprung"[29] führt in der KJL-Forschung zur Bezeichnung Moderne Kinder- und Jugendliteratur, unter die sich auch die hier behandelte Trilogie *Die Tribute von Panem* fassen lässt.

2.2 Gattungsbestimmung

Um eine Grundlage für die weitere Beschäftigung mit dem exemplarischen Hauptwerk dieser Arbeit *Die Tribute von Panem* zu schaffen, soll zunächst versucht werden, die Trilogie innerhalb der Gattungsvielfalt der KJL genauer zu verorten bzw. begründet werden, wie sich die Zuordnung zur Gattung der Dystopie bzw. Anti-Utopie ergibt.

Innerhalb der KJL-Forschung haben die Bücher von Suzanne Collins und ihr Erfolg, sowie jener thematisch ähnlich gelagerter Werke der letzten Jahre, bislang noch kaum Beachtung

---

24 Vgl. Jörg Steinz, Andrea Weinmann: Kinder- und Jugendliteratur der Bundesrepublik nach 1945. In: Taschenbuch der Kinder- und Jugendliteratur, Bd. 1, hrsg. von Günter Lange. Baltmannsweiler 2005, S. 102f.
25 Ebd., S. 118.
26 Ebd., S. 121.
27 Vgl. ebd., S. 127.
28 Wilhelm Steffens: Moderne Formen des Erzählens in der Kinder- und Jugendliteratur. In: Taschenbuch der Kinder- und Jugendliteratur, Bd. 2, hrsg. von Günter Lange. Baltmannsweiler 2005, S. 846.
29 Einzelheiten zur Erweiterung und Veränderung in den Gestaltungsmitteln der Kinder- und Jugendliteratur finden sich ausführlich im oben genannten Aufsatz von Steffens.

gefunden, weshalb an dieser Stelle nicht auf eine wissenschaftlich fundierte Einordnung zurückgegriffen werden kann. Daher soll zunächst der Blick auf die in der medialen Öffentlichkeit verwendeten Einordnungen erfolgen.

In den Artikeln und Rezensionen verschiedener Zeitungen, die seit 2009 erschienen sind, findet sich eine Vielzahl von Bezeichnungen für die Bücher von Suzanne Collins. Im englischsprachigen Raum werden zumeist die Begriffe „dystopian novel"[30], „dystopian fiction"[31], sowie „sci-fi series"[32] verwendet, während die Bücher in der deutschen Presse als „Endzeitroman"[33], „Science-Fiction-Roman"[34] oder schlicht als „Thriller"[35] und nur vereinzelt als „Dystopien"[36] bezeichnet werden. Im Oetinger Verlag erscheint das Buch im Bereich der Phantastischen Literatur speziell unter dem Label „Future Fiction"[37]. Dieser Begriff wird auch ganz aktuell von der Germanistin Gabriele von Glasenapp in ihrem Vortrag „Apokalypse now! Future-Fiction-Romane und Dystopien für junge LeserInnen"[38], gehalten auf der Tagung „Albtraum Zukunft. Politisierung von Jugend und Jugendliteratur" der Evangelischen Akademie Tutzing verwendet. Glasenapp weißt darauf hin, dass sich die Bezeichnung im Buchhandel und bei den Rezensenten, „die wirklich etwas von aktueller Jugendliteratur verstehen", sowie in den „entsprechenden" Blogs durchgesetzt habe. Inwieweit der Begriff sich in der Forschung durchsetzen wird, bleibt abzuwarten.

Betrachtet man die verwendeten Bezeichnungen für die Romane von Suzanne Collins, dann drängt zunächst die Frage auf, ob die Texte eher zur Gattung der Dystopie oder der Science

---

30 Karen Springen: Children´s Books: Apocalypse Now. Teens tur to dystopian novels. In: Publishers Weekly, 15.02.2010. (http://www.publishersweekly.com/pw/print/00000000/42087-children-s-books-apocalypse-now.html, 26.06.2012).
31 Laura Miller: Fresh Hell. What´s behind the boom in dystopian fiction for young readers. In: The New Yorker, 14.06.2010. (http://www.newyorker.com/arts/critics/atlarge/2010/06/14/100614crat_atlarge_miller?currentPage=1, 26.06.2012).
32 Geraldine Brennan: Suzanne Collina: the queen of teenfiction for tomboys. In: The Observer, 18.03.2012. (http://www.guardian.co.uk/theobserver/2012/mar/18/suzanne-collins-the-hunger-games-profile, 26.06.2012).
33 Stefan Mesch: Suzanne Collins. Jeanne d'Arc des Reality-TV. In: Zeit Online Literatur, 14.09.2010. (http://www.zeit.de/kultur/literatur/2010-09/suzanne-collins, 26.06.2012).
34 Achtung, Mutter liest mit. In: Focus Schule online 5 (2009), 07.10.2009. (http://www.focus.de/schule/familie/erziehung/medien/medien-achtung-mutter-liest-mit_aid_443413.html, 26.06.2012).
35 Sarah Wildeisen: Comics als Literatur. Zu viel Bild schadet der Bildung. In: taz.de, 20.10.2010. (http://www.taz.de/Comics-als-Literatur/!60061/, 26.06.2012).
36 Bücher für Kinder. Die Lust am Weltuntergang. In: Focus Schule online 6 (2011). (http://www.focus.de/schule/magazin/archiv/buecher-fuer-kinder-die-lust-am-weltuntergang_aid_684424.html, 26.06.2012).
37 Fantasy: Welcher Verlag bietet was? In: boersenblatt.net Medien, 18.08.2011. (http://www.boersenblatt.net/media/747/BBL_2011_FantasyVerlage.648262.pdf, 18.06.2012).
38 Gabriele Glasenapp: Apokalypse now! Future-Fiction-Romane und Dystopien für junge LeserInnen. Vortrag gehalten auf der Tagung „Albtraum Zukunft. Politisierung von Jugend und Jugendliteratur" der Evangelischen Akademie Tutzing. (http://www.uni-frankfurt.de/fb/fb10/jubufo/Tutzing-2012/GlasenappBeitrag1.pdf, 26.06.2012).

Fiction gehören und daran anschließend, ob und wie diese beiden Bereiche voneinander zu trennen sind bzw. innerhalb der KJL-Forschung verortet werden können. Ausgehend von der Tatsache, dass die Geschichte in *Die Tribute von Panem* in der Zukunft spielt und eine Welt entworfen wird, die zwar theoretisch denkbar, aber durch ihre Übersteigerung ins Negative nicht unbedingt als realistisch bezeichnet werden kann, erscheint eine erste Zuordnung zur phantastischen Literatur als sinnvoll.[39] Anders als Bernhard Rank, der die Einordnung von Texten des Typus Science Fiction oder Anti-Utopie innerhalb dieser Gattung problematisch sieht, weil „sie zwar Irreales darstellen [...], nicht aber Phantastisches im Sinne des naturwissenschaftlich Unmöglichen"[40], soll hier von einem weiter gefassten Phantastikbegriff ausgegangen werden, der nicht „nur das Magisch-Wunderbare als 'unmöglich' gelten lässt, [...] [sondern auch] das Naturwissenschaftlich- oder Technisch-Wunderbare."[41]

In diesem Sinne hält Carsten Gansel für phantastische Texte fest, dass

> auf der Ebene der story [...] Unmögliches als möglich [erscheint], und [...] eine die Grenzen der empirischen Wirklichkeit überschreitende künstlerische Spielwelt aufgebaut [werde]. Diese Abweichung, diese Störung ist auch dann offensichtlich, wenn für das eigentlich inkompatibel erscheinende Zusammenspiel von Figuren und Handlungen eine rationale oder pseudorationale Erklärung gegeben wird.[42]

Die Tribute von Panem lässt sich innerhalb dieser definitorischen Grenzen einordnen, da die Geschichte in einer Zukunft spielt, die in ihrer Form zwar denkbar, aber offenkundig nicht zwingend realistisch ist, jedoch innerhalb der Romane nicht infrage gestellt wird. Im Bezug auf die stofflich-inhaltliche Umsetzung lässt sich die Trilogie genauer in die Kategorie C, der von Gansel entwickelten Grundmodelle der Phantastik einordnen: „Konstruktion von eigenen phantastischen Welten, die in verfremdeter Form Spiegelbild der realen sein können."[43]

Entsprechend dieser Zuordnung erscheint auch die genauere Eingrenzung zur Gattung der Anti-Utopie stimmig, denn diese erlaube

> das Durchspielen einer Situation, deren reales Eintreten nicht nur für den Einzelnen, sondern für die gesamte Menschheit tödlich wäre. Sie verdichte [...] durch Verfremdung und verzichte[...] zumeist auf phantastische Elemente und damit auf alles, was den Leser ablenken könnte. Die

---

39 Auch wenn es auf die weitere Einordnung der Trilogie keine Auswirkungen hat, so sei an dieser Stelle erwähnt, dass in der Forschung, hier in der Definition von Bernhard Rank, erst dann von Phantastik als literarischem Genre gesprochen wird, „wenn phantastische Elemente zu einem dominanten, die Gesamtstruktur eines literarischen Textes prägenden Merkmal werden" (Bernhard Rank: Phantastische Kinder- und Jugendliteratur. In: Kinder- und Jugendliteratur der Gegenwart. Ein Handbuch, hrsg. von Günter Lange. Baltmannsweiler 2011, S. 171). Diese Definition findet sich auch bei Carsten Gansel (vgl. Carsten Gansel: Moderne Kinder- und Jugendliteratur. Vorschläge für einen kompetenzorientierten Unterricht. 4. überarb. Aufl. Berlin 2010, S. 140) und geht auf H.R. Jauß zurück.
40 Rank: Phantastische Kinder- und Jugendliteratur, S. 177.
41 Ebd.
42 Gansel: Moderne Kinder- und Jugendliteratur, S. 140f.
43 Ebd., S. 147.

phantastische Verfremdung [...] [bestehe] einzig darin, dass auf einer literarischen Spielebene bis ins Extrem gesteigerte Bilder einer sich auslöschenden, ja einer zerstörten Zukunft entstehen.[44]

Die Tatsache, dass Suzanne Collins ihre Bücher in der Zukunft spielen lässt, hat dazu geführt, dass in den Rezensionen auch eine Zuordnung zur Science Fiction erwogen wird. Diese Zuordnung findet sich auch in Karin Hallers 2011 erschienenem Aufsatz zu dieser Gattung wieder.[45] Ohne hier auf genauere Details einzugehen, erscheint eine Zuordnung innerhalb des Genres Science Fiction unter der Kategorie „anti-utopischer Typus" bzw. im Bereich der „anti-utopischen Warnung", die Haller als eine Hauptlinie der Science Fiction ausmacht, nicht überzeugend. Wie Haller selbst anmerkt, lassen sich innerhalb ihrer sehr offenen Definition Merkmale all „derjenigen Gattungen, auf denen sie [die Science Fiction, E.W.] basiert"[46] wiederfinden. Dadurch scheint der Gattungsbegriff Science Fiction seine Spezifität zu verlieren und eine Unterordnung der bei Gansel überzeugend herausgearbeiteten Gattung der Anti-Utopie nicht ausreichend begründet. In der vorliegenden Arbeit soll *Die Tribute von Panem* deshalb der Definition Gansels folgend innerhalb der Gattung der Anti-Utopie bzw. Dystopie[47] verortet werden.

Abschließend sollte noch erwähnt sein, dass in den Romanen die Kritik an der gegenwärtigen Gesellschaft häufig hinter die Handlung und die Aufrechterhaltung der Spannung der Geschichte zurückgestellt wird. Auch wenn die Zuordnung zur Gattung der Dystopie bzw. Anti-Utopie inhaltlich eindeutig erscheint, so sind trotz allem auch Einflüsse anderer inhaltlich bestimmter Gattungstypen unverkennbar. Die Grundzüge des Abenteuerromans, wie die episodische Handlungsfolge, der freiwillige Aufbruch der Protagonistin ins Unbekannte und ihr Kampf gegen das übermächtige Kapitol[48], lassen sich in den Romanen wiederfinden und werden zur Spannungssteigerung genutzt, auch wenn sie nicht zentral im Vordergrund stehen. Die starke Fokussierung auf die Protagonistin, die sich im jugendlichen Alter befindet, schafft ebenfalls Anleihen zur Gattung des Adoleszensromans, bei der die Entwicklung einer differenziert und individuell dargestellten Hauptfigur nachgezeichnet wird[49]. Auch Katniss macht über die Dauer der drei Romane, beeinflusst durch die äußeren Geschehnisse und ihre Erfahrungen, eine unverkennbare Weiterentwicklung durch, an der die Leser durch die

---

44 Ebd., S. 149.
45 Vgl. Karin Haller: Science Fiction. In: Kinder- und Jugendliteratur der Gegenwart. Ein Handbuch, hrsg. von Günter Lange. Baltmannsweiler 2011, S. 357.
46 Ebd.
47 Diese Begriffe werden in der vorliegenden Arbeit synonym verwendet. Eine genauere Begründung findet sich im Kapitel 3.1.2.
48 Vgl. Alfred C. Baumgärtner: Das Abenteuerbuch. In: Kinder- und Jugendliteratur: Ein Lexikon; Autoren, Illustratoren, Verlage, Begriffe, Bd. 7, Teil 5, hrsg. von Kurt Franz. Meitingen 1995.
49 Vgl. Günter Lange: Adoleszensroman. In: Kinder- und Jugendliteratur: Ein Lexikon; Autoren, Illustratoren, Verlage, Begriffe, Bd. 7, Teil 5, hrsg. von Kurt Franz. Meitingen 1997.

gewählte Erzählperspektive direkt teilhaben.

Diese Verwendung gattungsübergreifender Merkmale ist nachvollziehbar, da es sich um ein Buch für jugendliche Leser handelt. Auf ihre Lesebedürfnisse, bei denen Spannung und der Bezug zur eigenen Lebensphase im Vordergrund[50] stehen, muss eingegangen werden, wenn ein Titel ansprechend und erfolgreich sein will. Letztlich darf nicht vergessen werden, dass Gattungsbestimmungen immer modellhaft sind und sich in der literarischen Praxis die Übergänge in den meisten Fällen fließend gestalten. Ausschlaggebend für die Zuordnung zu einer Gattung ist jedoch letztendlich, wie schon in Bezug auf die Phantastik angemerkt, dass sich die gattungsbestimmenden Elemente dominant in den Texten auffinden lassen. Die folgende Analyse kann als Beleg eben dieser Voraussetzung gelten, wodurch eine Zuordnung der Trilogie, ungeachtet der beschrieben Einflüsse anderer Genres, zur Gattung der Dystopie gerechtfertigt ist.

3. Zentrale Merkmale klassischer Dystopien in *Die Tribute von Panem*

In den hier untersuchten klassischen Dystopien *Brave New World* und *Nineteen Eighty-Four* ist die Darstellung der Beziehung zwischen Staat und Individuum zentral. Einem unterdrückenden System wird eine unangepasste Hauptfigur entgegengestellt. Aus dieser Konstellation ergibt sich der Konflikt, in dem die eigentliche Wirkungsabsicht der Dystopie realisiert wird, nämlich das realweltliche, zeitgenössische Gesellschaftssystem zu kritisieren und seine Mängel und Probleme in der fiktiven Gesellschaft satirisch überhöht darzustellen. Innerhalb dieser Grundstruktur lassen sich zentrale Merkmale finden, durch die sich dystopische Texte auszeichnen. Diese betreffen zum einen den im Roman dargestellten Staat, seinen Aufbau und das bestehende Herrschaftssystem, durch das die fiktive Gesellschaft geprägt ist, sowie die Mechanismen, die zur Aufrechterhaltung dieses Systems beitragen. Zum anderen die Auswirkungen auf die Menschen, die in der beschriebenen Welt leben. Als Außenseiterfigur setzt sich der Protagonist durch sein non-konformistisches Verhalten gegenüber den anderen Mitgliedern der Gesellschaft ab, die die Unterdrückung des Staates aus unterschiedlichen Gründen, auf die im Folgenden noch eingegangen werden, erdulden.[51]

---

50 Kinder- und Jugendbücher. Marktpotential, Käuferstrukturen und Präferenzen unterschiedlicher Lebenswelten. In: Studienreihe Marktforschung, hrsg. vom Börsenverein des Deutschen Buchhandels, in Zusammenarbeit mit der Arbeitsgemeinschaft von Jugendbuchverlagen e.V. (avj). Frankfurt am Main 2007. (http://www.boersenverein.de/sixcms/media.php/976/Kinder-und%20Jugendb%FCcher%20final.pdf, 19.06.2012).

51 In der Forschung lassen sich neben den hier genannten noch andere Merkmale dystopischer Texte finden. So geht Zeißler genauer auf Kollektivismus und Spiritualität, Wissenschaft und Technik, den Aspekt der Vergangenheit und der Sprache ein (vgl. Zeißler: Dunkle Welten, S. 46-50). Meyer untersucht darüber hinaus

Da die Anti-Utopien *Brave New World* und *Nineteen Eighty-Four* maßgeblich und stilbildend für die Gattung der Dystopie sind, sollen die genannten Merkmale an diesen Texten exemplarisch aufgezeigt und ihre jeweilige Verwendung in der Panem-Trilogie untersucht werden. Denn obwohl zwischen diesen beiden Romanen des 20. Jahrhunderts und den Texten von Suzanne Collins mehr als ein halbes Jahrhundert liegt und sich das Genre in der Zwischenzeit weiterentwickelt und verändert hat, sind die genannten Gattungsmerkmale so zentral, dass sie sich auch in aktuellen dystopischen Texten der KJL wiederfinden lassen.

Um die Analyse der dystopischen Merkmale thematisch einzubetten, soll vorab das Genre der Dystopie in der Erwachsenenliteratur überblicksartig vorgestellt werden. Den Einstieg liefert eine Übersicht über die thematische und inhaltliche Entwicklung der Gattung, ausgehend von der Ursprungsgattung der Utopie. Es folgt eine kurze Darstellung der Begriffsgeschichte unter Einbezug der wichtigsten Forschungsstandpunkte und eine Darstellung des grundsätzlichen Erzählmusters. Dieses lässt sich in unterschiedlicher Ausprägung in den Texten, die dieser Gattung zugeordnet werden, wiederfinden.

3.1 Das Genre der Dystopie

3.1.1 Von der Utopie zur Dystopie / Anti-Utopie

Schon seit dem 16. Jahrhundert haben Menschen angesichts ihrer als mangelhaft empfundenen Lebenssituation von möglichen Veränderungen und besser funktionierenden Systemen geträumt, sie in ihren Gedanken ausgestaltet und anderen diese zugänglich gemacht. Die Gattung der Utopie, die mit Thomas Mores 1516 beschriebenem imaginären Staat „Utopia" ihren Anfang nahm, ist über die Jahrhunderte, angepasst an die wechselnden gesellschaftlichen Gegebenheiten, „politischen Entwicklungen, geistigen Strömungen und geschichtlichen Ereignisse"[52] stetig verändert worden, aber in ihrer Grundtendenz erhalten geblieben: Dem Wunsch nach einem funktionierenden System, dass die vorherrschenden Probleme der Gesellschaft überwunden hat und eine positive Lebensperspektive bietet.

In späteren literarischen Utopien wurde dieses imaginierte Gesellschaftssystem nicht mehr nur als schöner (eu-topia), aber unerreichbarer Ort (u-topia), wie es der englischsprachige Begriff vermittelt, betrachtet. Die Raumutopie hat sich zu einer Zeitutopie gewandelt, in der das Ziel nicht mehr eine nicht zu erreichende Insel, sondern eine in der Zukunft erreichbare

---

sehr ausführlich die ökonomische Rationalität, den Bereich der Homogenität und Uniformität, die Familienpolitik und Eugenik, sowie die Kulturpolitik (vgl. Meyer: Die anti-utopische Tradition, S. 46-84). Diese Aspekte können hier aus Platzgründen nicht genauer betrachtet werden, finden aber zum Teil Erwähnung, da sie den zentralen Merkmalen unterzuordnen sind.
52 Zeißler: Dunkle Welten, S. 15.

Entwicklungsmöglichkeit der bestehenden Zustände ist.[53]

Die literarische Utopie war im Laufe der Zeit in ihrer inhaltlichen Ausrichtung zahlreichen Veränderungen unterworfen, was eine Reaktion auf den Wandel der gesellschaftlichen Neuerungen und den damit einhergehenden Schwierigkeiten darstellte. War in Mores Werk noch eine harmonische Gemeinschaft mit strenger staatlicher Reglementierung der angestrebte Gegensatz zur staatlichen Zerrüttung im damaligen Europa, so wandelte sich die literarische Utopie in der Aufklärung vom „regulativen Prinzip [...] zur Waffe gegen die absolutistische Herrschaft."[54]

Zu Beginn des Industriezeitalters sind die literarischen Utopien von der Vision übergreifender materieller Versorgung durch maschinelle Massenproduktion, die dem Menschen potentiell mehr Freiheit ermöglichen könnte, geprägt und es entwickelt sich ein ausgeprägter Fortschrittsoptimismus. Dieser steigert sich noch im 19. Jahrhundert, während parallel ein anti-utopischer „Diskurs der Fortschrittskritik"[55] entsteht, der Zweifel an der positiven Wirkung von Wissenschaft und Technik verarbeitet und die Gefahren für die Natur und die Entfremdung des Menschen von seiner Umwelt thematisiert. Durch die Auswirkungen der verheerenden Kriege zu Beginn des 20. Jahrhunderts findet der Fortschrittsoptimismus in der utopischen Tradition sein jähes Ende.

Die Unterdrückung der Menschen durch faschistische und totalitäre Systeme, die zum Verlust der Rechte des Individuums auf Freiheit und Eigenständigkeit führen, wirken sich stark auf den utopischen Diskurs aus. Besonders der Totalitarismusvorwurf gegenüber utopischen Modellen und utopisch propagierten Reformabsichten dominiert die inhaltliche Ausrichtung der ersten anti-utopischen Texte. Diese Thematik lässt sich deutlich in den hier näher betrachteten Werken *Nineteen Eighty-Four* und *Brave New World* wiederfinden und stellt eine Weiterentwicklung der Motive und Merkmale dar, die bereits in der ersten klassischen Anti-Utopie *We* von Evgenij Zamjatin auftauchten.[56] An dieser Stelle soll nicht näher auf Motive und Elemente eingegangen werden, da diese unter 3.3 näher thematisiert werden.

Im Laufe des 20. Jahrhunderts wird die Gestaltung der Dystopien in der Tradition Orwells und Huxleys weiterverfolgt, da die Bedrohung durch den Totalitarismus wegen der Entstehung konservativer politischer Systeme noch immer als real empfunden wurde. Elena

---

53 Vgl. Martin d'Idler: Die Modernisierung der Utopie: Vom Wandel des Neuen Menschen in der politischen Utopie der Neuzeit. Berlin 2007, S. 8.
54 Ebd.
55 Stephan Meyer: Die anti-utopische Tradition. Eine ideen- und problemgeschichtliche Darstellung. Frankfurt am Main 2001 (Europäische Hochschulschriften 1790), S. 291.
56 Vgl. Zeißler: Dunkle Welten, S. 35-38.

Zeißler nennt als zentrale gesellschaftliche Themen, die als Anregung für die weitere Entwicklung der literarischen Dystopie dienten, die unkontrollierte Entwicklung von Wissenschaft und Technik und die „Entstehung verschiedener oppositioneller Bewegungen – Feminismus, Ökologie- und Friedensbewegung"[57], welche nicht nur zu einem Wiederaufleben der utopischen Tradition führt, sondern damit gleichzeitig auch neue Formen der Dystopie, wie die feministische oder ökologische hervorruft. Das Thema des Totalitarismus wird in den 1980er Jahren, mit der Verhärtung politischer Fronten und konservativer Entwicklungen, wieder aktuell und führt zur Entstehung von Texten, die sich eng an die Dystopien Zamjatins, Huxleys und Orwells anlehnen oder direkte Antworten darstellen (Anthony Burgess *1985*).[58] Seit den 1980er Jahren ist laut Zeißler die als postmodern einzustufende Tendenz zu beobachten, „diese alternative[n] Weltentwürfe unter surrealen, phantastischen Prämissen zu entwickeln."[59] Dabei werde die Dystopie in parallele Räume verlagert, die ein Spiegelbild der Gegenwart darstellen, das nicht nur verzerrt, sondern zum Teil auch neu konstruiert ist.[60]

Auf Grund der Tatsache, dass die literarische Gattung der Dystopie stark von den politischen und gesellschaftlichen Bedingungen der Entstehungszeit abhängig ist, unterliegt sie, wie gezeigt wurde, einem dauerhaften Wandel. Die daraus resultierende Vielfalt innerhalb des Genres hat dazu beigetragen, dass bis heute die Diskussion über einen Begriff zur adäquaten Beschreibung dieser ambivalenten Gattung geführt wird.

3.1.2 Dystopie oder Anti-Utopie - Eine Begriffsbestimmung

Aus der Kritik an der zeitgenössischen Vorstellung von Utopie entwickelt sich Ende des 19. bzw. Anfang des 20. Jahrhunderts die Dystopie als eigenständiges Genre. Innerhalb der Literatur steht sie seitdem in einem Spannungsverhältnis zur Ursprungsgattung der Utopie, wodurch bis heute eine Diskussion um eine angemessene Bezeichnung bzw. Differenzierung des Phänomens besteht. In der Forschungsdiskussion der letzten 50 Jahre wurden daher zahlreiche unterschiedliche Begriffe hervorgebracht, die jeweils unterschiedliche Aspekte der Gattung hervorheben und zu unterschiedlichen Definitionen führten. Stephan Meyer macht in seiner Studie „Die anti-utopische Tradition" deutlich, dass eine passende Bezeichnung für die anti-utopischen Texte nur durch die Kombination mit einem Attribut oder Präfix erreicht werden kann, das zum einen die Beziehung zur literarischen Gattung der Utopie deutlich macht, jedoch auch hervorhebt, dass sich die Texte gegen utopische Zielvorstellungen richten

---

57 Ebd., S. 57.
58 Vgl. ebd., S. 57f.
59 Ebd., S. 58.
60 Vgl. ebd.

und auf eine eigene Traditionslinie zurückgreifen können.[61] Meyer stellt im Anschluss die aus der Schwierigkeit dieser Anforderung an einen passenden Terminus hervorgegangene Begriffsvielfalt durch ausgewählte Beispiele ausführlich dar, die bei Zeißler zusammengefasst sind:

> In der Forschung der letzten 50 Jahre wurden u.a. Begriffe wie „Gegenutopie" (Seeber, Schonke), „Mätopie" (Huntemann), „negative Utopie" (Broich), „Schreckutopie" (Borinski), „devolutionistische Utopie" (Tuzinski), „inverted utopia" (Walsh), „Kakotopia" (Burgess) und schließlich „Dystopie" und „Anti-Utopie" vorgeschlagen.[62]

Die beiden letzten Begriffe haben sich in der Forschung weitestgehend durchgesetzt und werden zum Teil synonym verwendet, zum Teil wurde jedoch auch versucht, sie voneinander abzugrenzen. Für den Bereich der Literatur positioniert Tom Moylan die Dystopie als eine offenere Zwischenform zwischen der Utopie (eutopia) und der Anti-Utopie.[63]

> In the anti-utopian dystopia, the best that can happen is a recognition of the integrity of the individual even when the hegemonic power coercively and ideologically closes in; whereas in the utopian dystopia, a collective resistance is at least acknowledged, and sometimes a full-fledged opposition and even victory is achieved against the apparently impervious, tightly sutured system.[64]

Moylan sieht die Dystopie demnach als eine utopian-dystopia, also eine von einem starken Pessimismus geprägte Textform, die jedoch noch Möglichkeiten zur Veränderung und zur Hoffnung auf Verbesserung zulässt. Die Anti-Utopie hingegen ist für ihn von einer grundsätzlichen Resignation geprägt. Eine andere Art der Differenzierung nimmt Darko Suvin in seinen „Theses on Dystopia 2011"[65] vor. Er verwendet den Begriff der Utopia als Oberkategorie und teilt diese in die eutopia, eine Gesellschaft, die nicht nur radikal anders, wie er sie unter dem Begriff utopia definiert, sondern „radically more perfect"[66] ist und in die entgegengesetzte dystopia, die radikal negativer ist, auf. Der Begriff der dystopia wird dann noch einmal in die anti-utopia und die simple dystopia unterteilt. Die Anti-Utopie ist für ihn auch eine Dystopie, jedoch eine, die sich deutlich gegen die Zielsetzung einer Eutopie richtet und sie dabei auf eine satirische Weise imitiert und ins Negative übersteigert. Die simple Dystopie richtet sich hingegen nur gegen die gegenwärtige Gesellschaftsform. Es geht für Suvin also weniger um die inhaltliche Ausrichtung, sondern mehr um das Bezugssystem, an dem sich die Kritik der jeweiligen Form der Gattung entwickelt.

---

61 Vgl. Meyer: Die anti-utopische Tradition, S. 17-33.
62 Zeißler: Dunkle Welten, S. 15.
63 Vgl. Tom Moylan: Scraps of the untainted sky. Science fiction, utopia, dystopia. Boulde, Colo. 2000, S. xiii.
64 Ebd.
65 Darko Suvin: Theses on Dystopia 2001. In: Dark Horizons. Science fiction and the dystopian imagination, hrsg. von Raffaella Baccolini und Tom Moylan. New York 2003, S. 188f.
66 Ebd., S. 189.

Meyer und Zeißler kommen am Ende ihrer Betrachtungen zu unterschiedlichen Entscheidungen über den von ihnen verwendeten Begriff. Meyer kommt zu dem Schluss, dass der Begriff Anti-Utopie, in eben dieser Schreibweise, die die Beziehung zur literarischen Gattung der Utopie und zum eigenständigen Verhältnis zur Utopie deutlich macht, „am geeignetsten ist, das Phänomen der literarisch verkleideten Utopiekritik zu beschreiben."[67] Den Begriff Dystopie lehnt Meyer mit der Begründung ab, dass in ihm „das (bisweilen dialektische) Spannungsverhältnis von Utopie und ihrer utopisch verkleideten und realisierten Negation nicht genügend zum Ausdruck kommt."[68] Bei Zeißler stehen besonders die Überlegungen von Suvin und Moylan im Vordergrund. Die bei Suvin und auch bei anderen Autoren erwähnte Unterscheidung zwischen utopiekritischer Anti-Utopie und gesellschaftskritischer Dystopie hält sie allerdings im Bezug auf die literarische Realität für unhaltbar, da

> die Antiutopie seit ihren Anfängen sowohl utopie- als auch realitätskritische Elemente in sich trägt [...] [und] die klassischen Dystopien [...] dagegen durchweg neben der Kritik an der Gesellschaft auch parodistische Elemente [enthalten], die sich meist gegen konkrete utopische Entwürfe richten.[69]

Sie beschließt daher, dass es sinnvoll sei, die Begriffe Anti-Utopie und Dystopie synonym zu verwenden, wobei die Funktionen und Ziele des einzelnen Werkes trotzdem berücksichtigt werden sollen. An diese schlüssig erscheinende Argumentation schließe ich mich in dieser Arbeit an und verwende die beiden genannten Begriffe gleichermaßen für die Werke dieser literarischen Gattung.

Um eine angemessene Einführung in die Gattung der literarischen Dystopie als Vorbereitung auf die nachfolgende Analyse zu gewährleisten, soll neben der Entwicklung und der damit einhergehenden Begriffsvielfalt auch ihre grundsätzliche Form vorgestellt werden.

3.1.3 Was macht eine Dystopie aus?

Im Gegensatz zu Utopien versetzen dystopische Texte den Leser meist in medias res in die beschriebene Welt, die diesem dann aus den Augen eines Bewohners, durch die Beschreibung dessen alltäglichen Lebens, vermittelt wird. Anders als in der Utopie, in der die Reise des Protagonisten in einer aktuellen Gesellschaft beginnt, ihn in die utopische Welt führt und mit neuen Erkenntnissen zurück bringt, ist die Hauptfigur des dystopischen Romans in die zukünftige Gesellschaft integriert. Es erfolgt nur eine symbolische Rückkehr in die

---

67 Meyer: Die anti-utopische Tradition, S. 31.
68 Ebd., S. 32.
69 Zeißler: Dunkle Welten, S. 17.

Vergangenheit, beispielsweise über Orte oder Gegenstände, mit denen die Figur in Kontakt kommt.

Im Gegensatz zur klassischen Utopie ist der Roman die am häufigsten vorkommende Darstellungsform der Anti-Utopie.[70] In diesem fiktionalen Handlungsraum ist die Hauptfigur, wie Hartmut Weber ausführlich darstellt, ein

> nicht-Angepasste[r], der sich aufgrund seines abweichenden Verhaltens zum Außenseiter der Gesellschaft entwickelt, gegen Unterdrückung, Einschränkung der persönlichen Freiheit und Normierung rebelliert, und sich damit im extremen Gegensatz zu den von Staat und Gesellschaft propagierten Verhaltensnormen befindet.[71]

Durch diese unangepasste Haltung des Protagonisten ergibt sich erst ein Konflikt im Handlungsverlauf, welcher im Rahmen der Gattung auf ganz unterschiedliche Art und Weise ausgestaltet wird.[72] Trotz differierender Umsetzungen innerhalb des Genres macht Zeißler drei Grundelemente der Anti-Utopie aus, die den Handlungsverlauf vorantreiben:

In einer Exposition wird dem Leser eine Darstellung der wichtigsten Bereiche der dystopischen Wirklichkeit durch die Schilderung „der Alltagsbewältigung durch einen Außenseiter"[73] geliefert. Dieser hebt sich durch bestimmte Eigenschaften, seinen Intellekt oder eine besondere Sensibilität von der restlichen Bevölkerung ab und ist dadurch in der Lage das Regime als totalitäres zu erkennen und sich zeitweise aus dessen Zwängen zu lösen. Dazu muss der Protagonist zunächst einen „(schmerzhaften) Erkenntnisprozess [durchlaufen], [...] [wodurch] sich das Reise-Motiv der Utopie in eine spirituelle Suche, quest, nach der eigenen Wahrheit"[74] verwandelt. Durch eine Liebesbeziehung, die als privater Akt dem alles kontrollierenden Staat gegenübergestellt ist, wird laut Zeißler diese „Reise" zur Erkenntnis verstärkt oder überhaupt erst angestoßen. Im zweiten Schritt führt die Erkenntnis über die Machenschaften des Staates den Protagonisten „zur Rebellion gegen die bestehende Ordnung [und zum Kampf für] Handlungs- und Denkfreiheit, Privatsphäre, Individualität, Liebe, persönliche und kollektive Geschichte oder auch Naturerlebnisse."[75] In seinem Kampf für diese menschlichen Werte kann er sich schlussendlich nicht gegen die Maschinerie des Staates durchsetzen, die emotionslos ihre Ziele verfolgt. Offenbart werden diese Ziele und Interessen, sowie die Grundstrukturen und Prinzipien des dystopischen Staates in vielen Anti-Utopien

---

70 Vgl. ebd., S. 29.
71 Hartmut Weber: Die Außenseiter im anti-utopischen Roman. Frankfurt am Main 1979 (Europäische Hochschulschriften 71), S. 2.
72 Die hier betrachteten klassische Dystopien gelten in der Forschung eher als „handlungsarm und polemisch" (Zeißler: Dunkle Welten, S. 29).
73 Ebd.
74 Ebd, S. 30.
75 Ebd.

über ein Gespräch des Protagonisten mit dem obersten Machthaber des Staates. Dieser kann seine dominante Position gegenüber dem zwar moralisch im Recht stehenden, aber sprachlich unterlegenen Außenseiter voll ausspielen, wodurch die Allmacht des Staates deutlich unterstrichen wird.[76] Der Außenseiter „wird in der dritten Phase der Handlungsentwicklung entweder psychisch zerstört und in die Gesellschaft zwangsweise integriert oder physisch vernichtet."[77]

In Kapitel 3.3.3 der folgenden Untersuchung werden unterschiedliche Ausgestaltungen dieser Grundstruktur im Bezug auf die Rolle des Außenseiters exemplarisch an den beiden anti-utopischen Texten Huxleys und Orwells, sowie an der Panem-Trilogie von Suzanne Collins aufgezeigt.

3.2 Die Romane[78]

3.2.1 *Brave New World* und *Nineteen Eighty-Four*[79]

Die beiden bekanntesten Dystopien des 20. Jahrhunderts sind zweifellos Aldous Huxleys 1932 erschienener Roman *Brave New World* und George Orwells *Nineteen Eighty-Four* aus dem Jahre 1949. Beide Texte waren nicht nur prägend für das Genre der Anti-Utopie, sondern übten mit ihren Schreckensszenarien auch gesellschaftlichen Einfluss aus. Obwohl sie häufig in einem Atemzug genannt werden, wenn es um dystopische Klassiker geht, haben ihre Autoren trotz der zeitlichen Nähe und der Wahl eines britischen Staates als Handlungsort zwei ganz unterschiedlich ausgerichtete Zukunftsvisionen erdacht.

Huxley warnt in seinem Roman nicht nur vor den bedrohlichen Auswüchsen von Sozialismus und Faschismus, sondern auch vor den Gefahren eines unkontrollierten Kapitalismus und einem naiven Fortschrittsglauben. Besonders eine mögliche Einflussnahme eines totalitären Regimes auf den Menschen und sein Verhalten durch Eugenik und Behaviorismus rücken in *Brave New World* in den Fokus. In diesem System werden die Menschen durch das zentrale Brut- und Konditionierungszentrum nach den Vorstellungen der Regierung erzeugt und

---

76 Vgl. ebd., S. 29.
77 Ebd., S. 30.
78 Da der Inhalt der beiden klassischen Dystopien als bekannt vorausgesetzt werden kann, werden zu diesen nur zentrale Eckpunkte genannt, zumal wichtige Aspekte auch in der nachfolgenden Untersuchung erläutert werden. Die Handlung der Panem-Trilogie wird etwas ausführlicher behandelt, um ein besseres Verständnis zu gewährleisten.
79 Die Untersuchung beider klassischer Dystopien erfolgt auf der Grundlage der englischsprachigen Ausgaben, da die einzig verfügbare, deutschsprachige Ausgabe von Huxleys *Brave New World* in der Übersetzung von Herbert Herlitschka aus dem Jahr 1932 vorliegt. In dieser Ausgabe wurde sowohl der Handlungsort von London nach Berlin verlegt, als auch Änderungen an den Figurennamen vorgenommen, was heute nicht mehr zeitgemäß erscheint und deshalb gegen die Verwendung dieser Übersetzung spricht. Um einheitlich zu verfahren, wurde auch die Originalausgabe von *Nineteen Eighty-Four* verwendet.

erzogen, um dann in ihrer jeweiligen Kaste ihre vorbestimmte gesellschaftliche Funktion zu erfüllen. Der Staat nimmt eine Art der „sanften" Manipulation vor, durch die Terror und der Einsatz von Gewalt obsolet werden, sich jedoch die Frage stellt, ob der Preis für das vermeintliche „Glück" nicht zu hoch ist.

In Orwells Roman steht die Kritik an totalitären Systemen, nach dem Beispiel des Stalinismus in der Sowjetunion und des Nationalsozialismus in Deutschland, im Vordergrund. In *Nineteen Eighty-Four* entwirft er einen totalitären Staat, Ozeanien, in dem das Leben der Menschen von Gewalt und Terror der regierenden Einheitspartei geprägt ist. Ihr Leben wird durch die totale Kontrolle des Regimes bestimmt, welches alle gesellschaftlichen Bereiche streng reglementiert, Verstößen gegen die Regeln mit Folter und Tod begegnet und für eine ständige Überwachung aller Bewohner Ozeaniens sorgt.

Trotz der unterschiedlichen thematischen Ausrichtung und der differierenden Wirkungsabsichten beider Texte[80] lassen sich im Bereich der Merkmale, welche die Beschaffenheit der jeweiligen dystopischen Gesellschaft bestimmen, deutliche Parallelen finden, die charakterisierend für die Werke des anti-utopischen Genres geworden sind.

3.2.2 *Die Tribute von Panem*

In der Trilogie *Die Tribute von Panem* wird die Geschichte von Katniss erzählt, einem Mädchen, dass in einer nicht näher definierten Zukunft, im Staat Panem aufwächst, der nach Naturkatastrophen und Kriegen auf den Trümmern Nordamerikas erbaut wurde. Dieser Staat wird zentral vom Kapitol regiert und ist in zwölf Distrikte eingeteilt, aus denen jährlich jeweils ein Junge und ein Mädchen ausgewählt werden, um in den Hungerspielen gegeneinander anzutreten. Bei diesen „Spielen" geht es um Leben und Tod, nur der Gewinner überlebt. Das Ereignis wird für alle Bewohner als großes Medienspektakel inszeniert und soll Strafe für einen vergangenen, missglückten Aufstand der Distrikte gegen das Kapitol sein, bei dem der dreizehnte Distrikt zerstört wurde. Die Protagonistin Katniss meldet sich an Stelle ihrer jüngeren Schwester freiwillig als Tribut für die Spiele und wird zusammen mit Peeta, dem männlichen Tribut aus Distrikt 12, in die Arena geschickt. Ihre medienwirksame Rolle als Liebespaar führt am Ende des ersten Teils durch eine rebellische Geste der Protagonistin dazu, dass beide als Sieger der Spiele hervorgehen, ein Affront gegenüber dem allmächtigen Kapitol und seinem Präsidenten Snow.

Im zweiten Teil der Trilogie versucht Katniss sich zunächst dem Regime zu beugen und zum

---

80 Viele Aspekte, durch welche sich die beiden Texte deutlich unterscheiden, bleiben hier unberücksichtigt, weil eine Bearbeitung dieser Themen den Rahmen der Arbeit deutlich überschreiten würde.

Schutz ihrer Familie und Freunde den Vorgaben Snows für ihre Siegesreise durch die Distrikte zu entsprechen und damit einen Aufstand zu verhindern, muss aber sehr schnell erkennen, dass die Rebellion schon viel zu weit voran geschritten ist. Als Konsequenz werden sie und Peeta erneut mit anderen Siegern in die Arena geschickt, welche sie durch einen Akt der Sabotage zerstören können. Katniss wird von den Rebellen, die sich im zerstört geglaubten Distrikt 13 formiert haben, gerettet, während Peeta vom Kapitol gefangen genommen wird.

Im letzten Band wird Katniss als neues Gesicht der Rebellion nicht mehr vom Kapitol, sondern von den Anführern der Aufständischen für deren Zwecke missbraucht. Peeta wird währenddessen im Kapitol psychisch gefoltert und seine Erinnerungen werden so stark manipuliert, dass er glaubt Katniss töten zu müssen. Nach seiner Rettung und einer nur eingeschränkten Wiederherstellung seiner Persönlichkeit macht er sich mit Katniss, ihrem alten Freund Gale und einigen anderen auf den Weg ins Kapitol, um Präsident Snow zu töten und die Regierung zu stürzen. Dabei wird ihnen erst spät klar, dass sich die Ziele der Anführerin der Rebellen, Coin, nur wenig von denen Snows unterscheiden. Am Ende tötet Katniss Coin statt Snow und kehrt mit Peeta zum Wiederaufbau in ihren Heimatdistrikt zurück. Es bleibt trotz eines hoffnungsvollen Epilogs offen, ob und welche Änderungen oder Verbesserungen durch den Sturz des Kapitols erreicht wurden und ob sich die Geschichte nicht doch wiederholt.

3.3 Zentrale dystopische Merkmale

3.3.1 Herrschaftssystem
In den klassischen Dystopien, die zu Beginn des 20. Jahrhunderts entstanden sind, ist die Unterdrückung der Menschen durch totalitäre Systeme ein durchgängiges, zentrales Thema. Durch die satirisch verfremdete Darstellung dieser Systeme in den Romanen versuchten die Autoren Kritik am bestehenden System zu üben. Wenn man nach Zeißler Totalitarismus als die „Vereinheitlichung aller Lebensbereiche nach bestimmten Zielvorstellungen unter Führung einer Partei [...], die uneingeschränkte Macht ausübt"[81], versteht, lassen sich die Herrschaftssysteme in Huxleys Weltstaat und Orwells Ozeanien beide als totalitär bezeichnen, da in beiden Romanen eine kleine elitäre Minderheit die Macht für sich beansprucht. In *Brave New World* handelt es sich dabei um zehn Weltkontrolleure und in *Nineteen Eighty-Four* um die Innere Partei, die nur 2 % der Bevölkerung ausmacht.

---

81 Zeißler: Dunkle Welten, S. 42.

Ähnliche Machtstrukturen finden sich auch in Collins Panem-Trilogie wieder. Der Staat wird vom Kapitol aus regiert, einem zentral in Panem liegenden Ort, der gleichzeitig Sitz des Staatsoberhauptes, Präsident Snow, ist. Obwohl im Text keine Aussagen getroffen werden, wie dieser in sein Amt gelangt ist, entsteht der Eindruck eines diktatorischen Herrschers.[82]

Die Gesellschaften literarischer Dystopien befinden sich meist in einer isolierten, autarken Situation, deren Bestehen nur durch Aufrechterhaltung der bestehenden Ordnung garantiert werden kann, mit allen Konsequenzen die ein solcher Zwang zur Statik nach sich zieht. Ein wichtiger Stabilitätsgarant in der klassischen literarischen Dystopie ist eine hierarchische Gliederung der Gesellschaft.[83]

In *Brave New World* handelt es sich um ein Kastensystem (Alpha bis Epsilon) über das ein Sozialgefüge geschaffen wird, in dem jedes Mitglied des Staates eine festgelegte Position und Funktion erfüllt. Die Zugehörigkeit zur jeweiligen Kaste wird bereits vor der Geburt durch eine Beeinflussung der Entwicklungsmöglichkeiten und eine nachfolgende Konditionierung bestimmt und wirkt damit einer Hinterfragung der zugewiesenen sozialen Position entgegen.[84]

Die Klassengesellschaft in *Nineteen Eighty-Four* ist durch eine klare Trennung zwischen der Führungsschicht, die in die Inner Party, die geistige Elite, und die Outer Party, die ausführende Mittelschicht, geteilt ist und den proles, die als Arbeitskräfte ausgebeutet werden, geprägt. Ihr Lebensstandard wird so gering wie möglich gehalten und Armut, Krankheiten und ein ständiger Mangel an Gütern hält die Menschen in der Abhängigkeit des Staates. Gerechtfertigt werden diese Entbehrungen durch einen vorgeblichen kriegsähnlichen Zustand in dem sich Ozeanien mit den zwei anderen bestehenden Machtblöcken, Ostasien und Eurasien, dauerhaft befindet. In *Nineteen Eighty-Four* streben die Führer des Staates keine Verbesserung der gesellschaftlichen Situation an oder versuchen diese aus eigennützigen Gründen aufrechtzuerhalten, sondern sind allein von Macht und deren Erhaltung getrieben: „The Party seeks power entirely for its own sake. We are not interested in the good of others; we are interested solely in power. Not wealth or luxury or long life or happiness: only power, pure power."[85]

---

82 Anders als in *Brave New World* oder *Nineteen Eighty-Four* existiert also nicht nur eine unpersönlich erscheinende, abstrakte Machtelite (vgl. Meyer: Die anti-utopische Tradition, S. 63-67). Stattdessen geht die Macht von einer Figur aus, die ein Profil bekommt und mehrmals mit den übrigen Handlungsträgern, vor allem der Protagonistin in Kontakt tritt. Dadurch entsteht ein deutlicher Unterschied zu den beiden klassischen Dystopien, da die Machtinstanz des Staates trotz ihres unmenschlichen Verhaltens menschlich und dadurch angreifbarer wirkt und damit dem sich formierenden Widerstand und dem Leser ein konkretes Feindbild bietet.
83 Vgl. ebd., S. 61.
84 Vgl. ebd., S. 63.
85 Orwell: Nineteen Eighty-Four, S. 242.

In der von Collins beschriebenen Gesellschaft lassen sich Parallelen zu beiden klassischen Dystopien finden. Auch Panem ist hierarchisch aufgebaut, mit dem Kapitol an der Spitze und den zwölf Distrikten, die von diesem beherrscht werden. Jeder der Distrikte ist für die Herstellung bestimmter Güter (Luxuswaren, Waffen, Fisch, Textilien, landwirtschaftliche Güter, Vieh, Holz und Papier, Getreide, Transportmittel) und die Bereitstellung von Ressourcen (Technologien, Elektrizität, Kohle) verantwortlich. Dadurch entsteht ein fragiles System der Abhängigkeit, dessen Aufrechterhaltung nur durch Kontrolle, die Androhung von Strafen und den Zwang zu ständiger, schwerer Arbeit zur Überlebenssicherung, gewährleistet werden kann. In diesen Mechanismen zeigt sich die Nähe zum System, das in *Nineteen Eighty-Four* beschrieben wird, wo ständige Kontrolle und die andauernde Angst vor Bestrafung und Terror herrscht. Allerdings macht der oberste Machthaber Snow selbst im Gespräch mit der Protagonistin deutlich, dass es ihm ,anders als der Inner Party, nicht um die Ausübung von Gewalt und die Unterdrückung des Volkes zur reinen Machterhaltung geht: „[…] aber ich bin kein Verschwender. Wenn ich ein Leben nehme, dann aus ganz bestimmten Gründen."[86] Indem sich der Machthaber darauf beruft, die bestehenden Ordnung aufrecht erhalten zu wollen, um Chaos und die Zerstörung des Staates zu verhindern, rechtfertigt er die Unterdrückung der Bevölkerung.

3.3.2 Aufrechterhaltung des Status Quo

Das Streben der Herrschenden nach einer Aufrechterhaltung des Status Quo ist ein zentrales Merkmal der Gesellschaften in literarischen Anti-Utopien.[87] Sowohl Huxley als auch Orwell präsentieren ein umfangreiches System von Einrichtungen und Mechanismen mit deren Hilfe der Staat seine Absichten und Zielsetzungen durchzusetzen und zu bewahren versucht. Im Zentrum dieser Maßnahmen stehen vor allem der massive Eingriff in alle Lebensbereiche der Menschen und deren gezielte Steuerung, zum Beispiel durch den Missbrauch von Medien zur Propaganda, dauerhafte Überwachung, eine Vielzahl von Verboten und Geboten und der Zwang zur Einhaltung durch einen ausgeklügelten Sanktionsapparat.[88]

Brave New World nimmt in dieser Hinsicht einen gesonderten Status ein, da der Eingriff des Staates durch die Abschaffung der natürlichen Geburt und die Verlagerung der Fortpflanzung und anschließende Konditionierung auf eine staatlich gesteuerte Einrichtung so grundlegend

---

86 Collins: Flammender Zorn, S. 390.
87 Prägnant wird dieses Ziel in Huxleys World State mit dem Motto „Community, Identity, Stability" auf den Punkt gebracht (Huxley: Brave New World, S. 1).
88 Ein guter Überblick über die verschiedenen Zugriffsmöglichkeiten des Staates findet sich bei Meyer: Die anti-utopische Tradition, ab Seite 35.

in den Aufbau der Gesellschaft und das Leben der Menschen eingreift, dass weitere reglementierende und vor allem kontrollierende Maßnahmen kaum mehr notwendig sind. Faktoren wie Emotionalität oder Verlangen, die sich zu einer potentiellen Gefährdung der bestehenden Ordnung ausweiten könnten, werden durch die Pflicht zur Promiskuität („Everyone belongs to everyone else"[89]), die damit einhergehende Reduzierung sexueller Handlungen auf das Körperliche und die Abschaffung der Familie beseitigt. Hinzu kommt der Einsatz der Droge Soma, der die Menschen in Passivität und Gleichgültigkeit halten soll. Die Ausbildung eines differenzierten Sanktionsapparats ist somit in Huxleys Welt obsolet. Für den Fall, dass es doch zum Widerstand Einzelner kommen sollte, stellt die Verbannung die einzige Strafmaßnahme dar, die einen negativen Einfluss der Abweichler auf die Restbevölkerung verhindern soll.

Ganz im Unterschied dazu herrscht in Orwells *Nineteen Eighty-Four* eine Atmosphäre der ständigen Überwachung, der Bedrohung durch psychische oder physische Bestrafung, der andauernden Knappheit an Waren und der Uniformiertheit. Alle Bereiche der Gesellschaft werden in Ozeanien durch vier Ministerien, Ministry of Peace (Minipax), Ministry of Plenty (Miniplenty), Ministry of Truth (Minitrue) und Ministry of Love (Miniluv) gesteuert. Besonderen Einfluss auf das Privatleben der Mitglieder der Inner und Outer Party, falls dieses noch als solches verstanden werden kann, wird durch die telescreens des Miniluvs ausgeübt, Bildschirme, die gleichzeitig als Fernseher und Überwachungskameras eingesetzt werden. Für die proles wird diese Kontrollmaßnahme nicht als notwendig erachtet, weil von ihnen keine systemgefährdenden Handlungen erwartet werden. Das Miniluv stellt nicht nur die oberste Kontroll-, sondern auch die zentrale Sanktionsinstanz dar, die bei der Entdeckung abweichenden Verhaltens oder illegaler Gedanken (thoughtcrime) durch sofortigen Zugriff, Gefangennahme, Folter und Gehirnwäsche durchgreift. Die Überwachung und Kontrolle durch den Staat hat sich in *Nineteen Eighty-Four* bis auf die Gedankenwelt der Menschen ausgeweitet und kann so eine vollständige Kontrolle zur Erhaltung der Macht garantieren.

> A party member lives from birth to death under the eye of the Thought Police. Even when he is alone he can never be sure that he is alone. Wherever he may be, asleep or awake, working or resting, in his bath or bed, he can be inspected without warning and without knowing that he is inspected.[90]

Auch Panem stellt sich als eine Gesellschaft der Verbote und strengen Gesetze, der Überwachung und drastischer Sanktionen bei Regelverstößen dar, durch die das bestehende System in seinem Ist-Zustand bewahrt werden soll. „Was für Probleme man mit dem Kapitol

---

89 Huxley: Brave New World, S. 38.
90 Orwell: Nineteen Eighty-Four, S. 219.

auch haben mag – wenn es in seiner Strenge auch nur kurz nachlassen würde, dann würde das gesamte System zusammenbrechen, das kannst du mir glauben."[91] So formuliert es der oberste Machthaber, Präsident Snow, im Gespräch mit der Protagonistin Katniss.

Das zentrale Symbol für das perfide und menschenfeindliche Vorgehen des Kapitols, um die Bürger der Distrikte unter Kontrolle zu halten, sind die Hungerspiele. In einer Zeit, die die „dunklen Tage" genannt wird, hatten die Distrikte bereits versucht gegen das Kapitol zu rebellieren. Hier zeigte sich zum ersten Mal die außerordentliche Macht und Brutalität des Regimes, das den Aufstand niederschlug und Distrikt 13 vermeintlich zerstörte.[92] Um die Menschen der Distrikte an diesen Triumph zu erinnern und als Warnung vor dem Versuch eines erneuten Aufstandes, wurde die jährliche Ernte, die Auswahl eines männlichen und weiblichen Jugendlichen aus jedem Distrikt eingeführt. Diese sollen in der Arena der Hungerspiele die anderen Tribute bis auf den Tod bekämpfen. Hier zeigt sich, dass Suzanne Collins in ihren Büchern ein Regime darstellt, dessen Einsatz von Gewalt zur Bewahrung der bestehenden Ordnung in seinem Ausmaß und in seiner Drastik der Umsetzung in den klassischen Dystopien kaum in etwas nachsteht und das, obwohl es sich um ein Buch für Jugendliche handelt. Die Anwendung von Gewalt und Terror steigert sich zudem von Buch zu Buch, umso stärker das Regime durch die fortschreitende Rebellion in Bedrängnis gerät: Ein Krankenlager wird bombardiert[93], Gefangene des Kapitols werden physisch und psychisch gefoltert, Distrikt 12 wird ausgelöscht, sowie der Großteil seiner Bewohner ermordet.

Aber auch im gewöhnlichen Alltag, vor Ausbruch der Revolution, ist das Leben der Menschen in den Distrikten von zahlreichen Verboten und der Willkür der Friedenswächter bei der Ausübung der Bestrafungen bestimmt. Das Bild über die Situation in den einzelnen Distrikten setzt sich für den Leser, der nur die Perspektive der Protagonistin Katniss kennt, nur schrittweise zusammen. Das liegt zum einen daran, dass die Informationspolitik der Regierung den Austausch zwischen den einzelnen Distrikten unterbindet[94] und zum anderen am Status von Distrikt 12, der zu den kleineren, unbedeutenden Distrikten gehört und dadurch auch anderen Maßnahmen des Kapitols ausgesetzt ist.[95] Obwohl es gesetzlich verboten ist, die Grenzen des Distrikts zu überschreiten, im Wald zu jagen oder Waren auf dem Schwarzmarkt

---

91 Collins: Gefährliche Liebe, S. 30.
92 Im dritten Band der Trilogie zeigt sich, dass sich ein Teil der Bewohner aus Distrikt 13 in ein Bunkersystem unter der Erde retten konnte. Die Gewalt über möglicherweise übriggebliebene atomare Waffen, für deren Herstellung sie zuständig waren, führte zu einem Abkommen mit dem Kapitol, die Überlebenden nicht weiter zu bekämpfen.
93 Vgl. Collins: Flammender Zorn, S. 116.
94 Vgl. Collins: Tödliche Spiele, S. 228.
95 Vgl. ebd., S. 228.

zu verkaufen und darauf Strafen bis zum Tod stehen, sind all diese Überschreitungen zu Beginn noch möglich, da die Friedenswächter in Distrikt 12 bestechlich sind und es mit der Einhaltung der Ordnung nicht so genau nehmen.[96] In den übrigen Distrikten, die größer und unübersichtlicher sind, herrschen andere Zustände. Katniss erfährt während der Hungerspiele von dem Tribut Rue aus Distrikt 11, das für die Bereitstellung von Nahrungsmitteln zuständig ist, dass die Menschen dort nichts von den Gütern essen dürfen, die sie bei der Ernte einfahren. „Man wird ausgepeitscht und die anderen müssen alle zuschauen."[97] Ausgelöst durch die ersten Aufstände in den Distrikten werden diese Regelungen auch in Distrikt 12 durch eine erhöhte Präsenz neuer Friedenswächter durchgesetzt.

In der Welt von Panem lassen sich nicht nur Methoden der gewalttätigen Unterdrückung, sondern auch der Kontrolle der Menschen durch Konsum und Unterhaltung finden, wie man sie aus *Brave New World* kennt. Mit ihrer Hilfe werden die Bewohner des Kapitols und auch die des ersten Distriktes, welcher dem Kapitol am nächsten steht, in die Abhängigkeit zum System gestellt. Ihr Leben ist von Überfluss und Reichtum geprägt, wodurch sich ihr Alltag vor allem um die ständige Verschönerung ihres Aussehens, sei es durch Kleidung oder plastische Eingriffe und die Teilnahme an Feiern und Festessen dreht.[98] Auch zu ihrer Unterhaltung werden die Hungerspiele als mediales Spektakel inszeniert, in deren öffentlicher Zelebrierung durch die Bewohner des Kapitols sich deren fehlendes Bewusstsein für die Situation der Menschen in den Distrikten offenbart.

Im Bezug auf die Mechanismen des Herrschaftssystem Panems zur Aufrechterhaltung des Status Quo lässt sich erkennen, was Zeißler am Ende ihrer Untersuchung zur Beschaffenheit der Staaten in neueren Dystopien feststellt. In diesen sind

> Elemente beider Entwicklungslinien angelegt – Freiheitsberaubung und Entmündigung können bei gleichzeitigem Einsatz von Ablenkungsinstrumenten wie Konsum- und Vergnügungsangeboten sowie durch Einschüchterung, Rechtebeschneidung und Gewaltanwendung erreicht werden.[99]

3.3.3 Die Rolle des Außenseiters

Die klassischen dystopischen Texte zeigen eine Gesellschaft, in der ein übermächtiger Staat die Menschen jeglicher Individualität beraubt und sie zu funktionierenden Rädchen im Getriebe der Gesellschaft degradiert. Um der Kritik an einer solchen potentiellen Entwicklungsmöglichkeit der realweltlichen Gesellschaft besonderen Ausdruck zu verleihen,

---

96 Vgl. ebd., S. 10.
97 Ebd., S. 227.
98 Vgl. Collins: Gefährliche Liebe, S. 47, 60, 94.
99 Zeißler: Dunkle Welten, S. 220.

wird in den anti-utopischen Romanen eine Außenseiterfigur (oder auch mehrere, wie in *Brave New World*) eingeführt.[100] An der Gestaltung dieser Figuren lässt sich laut Zeißler die Haltung der Autoren gegenüber dem von ihnen gestalteten Herrschaftssystem ablesen:

> Während Huxley fürchtet, daß die künftige Welt den Fähigsten keine Entwicklungsmöglichkeiten mehr bietet und auf deren Kosten eine allgemeine Nivellierung stattfindet, bekommen in Orwells Roman die „durchschnittlichen" Bürger die Einschränkungen des Systems am deutlichsten zu spüren.[101]

Neben der Funktion des abweichenden Individuums innerhalb der Romanstruktur ist ebenfalls relevant für die Untersuchung, welche Stellung die Figur in der Gesellschaft einnimmt und wie die Entstehung der Außenseiterposition im Text begründet wird. Daraus lassen sich Gründe für den Erfolg oder Misserfolg des abweichenden Verhaltens gegenüber dem herrschenden System ableiten.

In *Brave New World* ist die Rolle des Außenseiters auf drei Figuren verteilt. Zwei von ihnen, Bernard und Helmholtz, entstammen der höchsten Kaste Alpha-Plus. Das abweichende Verhalten Bernards wird durch einen „Produktionsfehler" erklärt, durch den er körperlich unterentwickelter als die anderen Mitglieder seiner Kaste ist. Durch seine daraus resultierenden Minderwertigkeitsgefühle kann sich Bernard nicht richtig in die Gesellschaft integrieren. Dieses Problem stellt sich auch für seinen einzigen Freund Helmholtz, der sich allerdings durch ein besonders hohes Maß an Intelligenz von den andren Alpha-Plus unterscheidet, was ihn zum Außenseiter macht. Während die Position der Figur Helmholtz innerhalb der Gesellschaft des World States plausibel erscheint, da der angedeutete Entfremdungsprozess auch bei anderen Individuen im Text angedeutet wird und somit nicht als Einzelfall, sondern als potentiell möglich angelegt ist[102], erscheint der Fall Bernards eher als einmaliges Phänomen. Das gilt auch für die die dritte Außenseiterfigur, John, der im Indianer-Reservat, einer Art künstlichem Museum der alten Welt, aufgewachsen ist, obwohl seine Mutter der Beta-Minus-Kaste entstammt. Durch seine Herkunft und die damit verinnerlichten überkommenen Werte und Normen, kann er sich nicht integrieren, als er von Bernard in die Neue Welt eingeführt wird. Weber wertet die Rolle des „Wilden" Johns als eine Ausnahmeerscheinung, da „offensichtlich ist, daß mit der Darstellung dieser Außenseiterkarriere keinen allgemeinen, d.h. für alle Bewohner des utopischen Staates zutreffenden Aspekte aufgeschlüsselt werden."[103]

---

100 Vgl. Meyer: Die anti-utopische Tradition, S. 125.
101 Zeißler: Dunkle Welten, S. 50.
102 Vgl. Weber: Die Außenseiter, S. 71.
103 Ebd., S. 69.

In *Nineteen Eighty-Four* hingegen ist der Außenseiter, Winston, ein durchschnittlicher Bürger, der der Outer Party angehört und als Staatsdiener im Minitruth beschäftigt ist. Sein abweichendes Verhalten, die Führung eines ownlifes durch das geheime Schreiben eines Tagebuches, in dem er seine Abneigung gegen das System festhält, liegt in seinem Sozialisationsprozess begründet. Er ist vor der Machtübernahme der Party aufgewachsen und kann daher sein Wertesystem nicht mit dem vorgeschriebenen vereinbaren. Nachdem sich Winston zum Widerstand gegen das System entschließt, wird er gefangen genommen und durch O´Brien, einem Mitglied der Inner Party, der Folter und einer Gehirnwäsche unterzogen. Nach der erfolgreichen Prozedur kann er vollständig überzeugt wieder in die Gesellschaft eingegliedert werden.

Die Warnung der Autoren vor den negativen Entwicklungsmöglichkeiten ihrer eigenen Gesellschaft wird durch das unabwendbare Scheitern der nonkonformistischen Protagonisten verstärkt. In *Brave New World* geht der „Wilde" John ohne den direkten Einfluss des Regimes am System zugrunde, während in *Nineteen Eighty-Four* der Staat am Ende über den Widerstand des Einzelnen durch die Ausübung von Gewalt und Manipulation triumphiert. Wie bereits angedeutet, lässt sich ein Zusammenhang zwischen dem Ausgang der Texte und der Stellung der Außenseiter innerhalb der Gesellschaft herstellen. Weber stellt dazu fest, dass die Protagonisten, mit Ausnahme der Figur Johns, alle der geistigen Elite des Systems entstammen und nicht zur Unterschicht gehören, von denen abweichendes Verhalten nicht zu erwarten ist (siehe Kapitel 3.3.2). „Gerade deshalb sind die Abweichler letzten Endes gesamtgesellschaftlich gesehen irrelevant, da die Masse der Bevölkerung manipulierbar ist und Umstürze oder Rebellionen deshalb ausgeschaltet werden können."[104]

Ein Erfolg der Außenseiter ist folglich in beiden Texten auf Grund der Gestaltung der Figuren nicht angelegt. Da keine Hoffnung auf Veränderung durch den Widerstand des Individuums gegen das System besteht, wird die Warnung vor potentiellen, negativen Entwicklungen der realweltlichen Gesellschaft, symbolisiert durch die fiktive Welt innerhalb der Dystopie, noch verstärkt.

Ganz anders verhält es sich in der Panem-Trilogie von Collins. Die Protagonistin Katniss, die in der Geschichte die Rolle der Außenseiterin einnimmt, ist eine Bewohnerin des Distrikt 12 und damit eine Vertreterin der ausgebeuteten Masse der Bevölkerung. Ihr rebellischer Akt während der Hungerspiele, der eine Provokation gegenüber dem Kapitol darstellt, wirkt

---

104 Ebd., S. 71.

aufrüttelnd auf die Bewohner der anderen Distrikte.[105] Aus dieser Konstellation ergibt sich im Gegensatz zu den beiden klassischen Dystopien überhaupt erst die Möglichkeit zu einer erfolgreichen Rebellion, wie sie im Verlauf der Trilogie dargestellt wird.

Es bestehen allerdings trotzdem Parallelen zwischen der Anlage der Außenseiterfigur in den Romanen von Huxley und Orwell und der in Collins Büchern. Die Protagonistin unterscheidet sich auf Grund ihrer Sozialisation schon vor ihrer Aufstellung als Tribut der Hungerspiele von den anderen Bewohnern und vor allem von den anderen Jugendlichen in ihrem Distrikt. Sie ist Halbwaise, seit ihr Vater bei einem Minenunglück verstarb und muss auf Grund des labilen Zustandes ihrer Mutter für ihre Familie sorgen. Dazu ist sie nur in der Lage, weil ihr Vater ihr beigebracht hat, mit Pfeil und Bogen im Wald zu jagen. Der Besitz seiner Waffen und die Fähigkeit sie zu benutzen hebt Katniss von übrigen Bewohnern von Distrikt 12 ab.[106] Allerdings verstößt sie auf diese Weise schon früh gegen die Regeln des Kapitols, auch wenn dies aus der Not heraus geschieht und nicht um bewusst gegen das System aufzubegehren.

In den grundlegenden Zügen unterscheidet sich Katniss Entwicklung als Außenseiterin zunächst nicht von der der Protagonisten der klassischen Dystopien. Katniss durchläuft ähnliche Stadien einer devianten Karriere[107], vom anfänglichen passiven Widerstand bis zur aktiven Rebellion am Ende, wie beispielsweise die Figur Winston in *Nineteen Eighty-Four*. Allerdings sind die Figuren auf Grund der unterschiedlichen Handlungsstruktur insgesamt nur eingeschränkt vergleichbar. Dadurch, dass die Protagonistin ab dem Punkt, an dem sie sich als Tribut für die Hungerspiele meldet, ihr Schicksal zeitweise nur noch eingeschränkt in der Hand hat, erfolgen ihre Widerstandshandlungen nicht wie bei den anderen Außenseiterfiguren geplant, sondern spontan aus der Zwangssituation heraus.[108] Hinzu kommt, dass die Karriere der Außenseiterfigur in den klassischen Dystopien mit dem ersten aktiven Widerstand bereits endet, da an dieser Stelle das System mit allen ihm zur Verfügung stehenden Mitteln eingreift und die Aufständischen auf die eine oder andere Weise aus der Gesellschaft entfernt. In der Panem-Trilogie beginnt die Handlung und die Entwicklung der Protagonistin an diesem Punkt erst richtig.

Der größte Unterschied zwischen der Darstellung der Außenseiterfigur in *Die Tribute von Panem* und in den beiden klassischen Anti-Utopien liegt in der Rolle der Protagonistin als Hoffnungsträgerin. Hierdurch kommt eine andere Beziehung zwischen Staat und Individuum

---

105 Vgl. Collins: Gefährliche Liebe, S. 29.
106 Vgl. Collins: Tödliche Spiele, S. 9f.
107 Vgl. Weber, S. 55-64.
108 Vgl. Collins: Tödliche Spiele, S. 382f.

zustande, dem Individuum wird somit generell die Möglichkeit zum Widerstand eingeräumt.

Die Autorin Suzanne Collins versucht also nicht nur eine Warnung auszusprechen, wie es Huxley und Orwell tun, sondern darüber hinaus eine positive Perspektive aufzuzeigen und zum eigenständigen Handeln gegen scheinbar übermächtige Kräfte in der eigenen Gesellschaft aufzurufen. Man könnte demnach auch von utopischen Zügen innerhalb der Panem-Trilogie sprechen, wenn nicht der Schluss diesen Eindruck relativieren würde. Denn trotz des Erfolges der Rebellion deutet Collins am Ende an, dass sich die überkommenen, schlechten Zustände auch unter der neuen Regierung ebenso wieder einstellen könnten.

Die Option auf eine Verbesserung der Welt durch die jugendlichen Handlungsträger der Romane ist nur eine von unterschiedlichen Darstellungsweisen, durch die *Die Tribute von Panem* von den klassischen Dystopien abweicht und die eine Anpassung an die jugendlichen Leser bewirkt.

4. Kind- und jugendgemäße Umsetzung dystopischer Merkmale in *Die Tribute von Panem*

Nachdem im ersten Teil der Analyse die zentralen dystopischen Merkmale in *Die Tribute von Panem* herausgearbeitet wurden, soll nun ein genauerer Blick auf die Umsetzung der Gattung Anti-Utopie für die jugendlichen Leser in dieser Trilogie gerichtet werden. Ausgangspunkt ist die von Hans-Heino Ewers dargestellte Norm der Kind- und Jugendgemäßheit, innerhalb derer von einer Anpassung der literarischen Texte auf den jugendlichen Empfänger ausgegangen wird. Diese Anpassung beschreibt Ewers genauer unter dem Begriff der Akkomodation. Welche Textebenen mit diesem Begriff erfasst werden, soll anschließend erläutert werden. Hieraus ergibt sich dann das Analyseinstrumentarium, mit dem die Untersuchung der Panem-Trilogie in Bezug auf die Kind- bzw. Jugend-Adäquatheit erfolgen soll.

Neben den sprachlichen Mitteln und der formalen Gestaltung soll auch die Ebene des Inhalts, die thematische Gestaltung und die Ebene der Bewertung miteinbezogen werden. Die Ebene des Paratextes wird vernachlässigt, da die Betrachtung dieses Aspekts nur fruchtbar im Hinblick auf eine allgemeine kind- und jugendgemäße Umsetzung der Trilogie, nicht jedoch im Bezug auf den dystopischen Aspekt ist. Eine spezifische äußere Gestaltung der Titel dieses Genres lässt sich nicht ausmachen.

4.1 Kind- und Jugendgemäßheit als literarische Norm

4.1.1 Definition

Die Umsetzung von Merkmalen bestimmter Gattungen der Erwachsenenliteratur in einem Buch für jugendliche Leser erfordert eine adressatengerechte Anpassung. In der KJL-Forschung wurde dazu von Hans-Heino Ewers der Begriff der Kind- und Jugendgemäßheit geprägt.[109] Dabei handelt es sich um eine präskriptive Norm, eine normative Setzung, durch die sich KJL genauer bestimmen lassen soll. Mit der Aufstellung dieser Norm wird die Forderung erhoben, dass „die von der Kinder- und Jugendliteratur übermittelten Botschaften [...] auf den kindlichen und jugendlichen Empfänger hin abgestimmt sein"[110] sollen und es wird von KJL als „Zielgruppenliteratur" ausgegangen. Dabei spielen verschiedene Aspekte auf Seiten der der jugendlichen Leser als Empfänger eine wichtige Rolle. Beim Verfassen des Textes muss der Autor nicht nur das sprachliche und intellektuelle Vermögen seiner potentiellen Leser, sondern auch deren literarische Decodierungsfähigkeit und ihre aktuellen Bedürfnisse und Interessen berücksichtigen. Diese Aspekte der Kind- und Jugendgemäßheit lassen sich unter zwei umfassendere Begriffe subsumieren. Die ersten drei Aspekte gehören zum Bereich der Textverständlichkeit, wohingegen die Interessen und Bedürfnisse unter das Merkmal der Textattraktivität fallen.

Um die Norm der Kind- und Jugendgemäßheit erfüllen zu können, muss folglich bei der Verfassung der Texte eine Anpassung an die spezifische Leserschaft erfolgen. Der für diesen Prozess zunächst von Brüggemann 1967 vorgeschlagene[111] und von Klingberg in den 1970er Jahren aufgenommene Begriff der Adaption[112] wird von Ewers kritisiert und schlüssig durch den Begriff der Akkommodation ersetzt.[113] Unter dem Begriff der kinder- und jugendliterarischen Akkommodation ist demnach

> die Anpassung des – als geeignete Kinder- und Jugendlektüre angesehenen – Literaturangebots (als variablen Subjekt) an die kindlichen und jugendlichen Leser (als feststehender Umwelt) zu verstehen. Eine Akkommodation ist [allerdings] nur dort erforderlich, wo zwischen dem gegebenen literarischen Angebot und den kindlichen und jugendlichen Lesern Unangemessenheit

---

109 Vgl. Hans-Heino Ewers: Literatur für Kinder und Jugendliche. Eine Einführung in grundlegende Aspekte des Handlungs- und Symbolsystems Kinder- und Jugendliteratur. Mit einer Auswahlbibliographie Kinder- und Jugendliteraturwissenschaft. München 2000, S. 199-242.
110 Ebd., S. 181.
111 Vgl. Theodor Brüggemann: Literaturtheoretische Grundlagen des Kinder- und Jugendschrifttums (1966). In: Aspekte der erzählenden Jugendliteratur, hrsg. von Ernst G. Bernstorff. Baltmannsweiler 1977, S. 14-34.
112 Vgl. Göte Klingberg: Kinder- und Jugendliteraturforschung. Eine Einführung. Wien 1973.
113 Vgl. Ewers: Literatur für Kinder und Jugendliche, S. 205. Ewers geht von einer umgekehrten Verwendung des von Piaget geprägten entwicklungspsychologischen Gegensatzpassares Assimilation – Akkommodation aus. Ausgangspunkt ist bei der Anpassung im Sinne der Jugendgemäßheit hier nicht der Leser, sondern die Literatur. Diese rückt in Ewers Variation an die Stelle des Subjektes, das sich ursprünglich im Verfahren der Akkommodation an die Gegebenheiten der Literatur anpassen musste.

besteht, eine Kind- und Jugendgemäßheit also nicht anders denn mittels einer Abweichung vom 'normalen' literarischen Regelsystem zu erlangen ist.[114]

Besonders der letzte Aspekt ist wichtig für die Betrachtung von Kind- und Jugendgemäßheit. Es können nach dieser Definition auch solche Textelemente und -merkmale als kind- und jugendgemäß identifiziert werden, die allgemeinliterarische Konventionen beibehalten. Es sind also nicht per se Abweichungen von den allgemeinliterarischen Gesetzmäßigkeiten, eben Akkommodationen, erforderlich, um einen Text an den präsumtiven Leser anzupassen.[115]

4.1.2 Ebenen der Akkommodation

Mit Rücksicht auf das Sprachvermögen der jüngeren Leserschaft erfolgt wie beschrieben in Texten für Kinder und Jugendliche häufig, aber nicht zwingend, eine Reduktion, d.h. eine Akkommodation der sprachlichen Mittel, um Kind- und Jugendgemäßheit zu erreichen. Das kann sowohl im Bereich der Morphologie, als auch der Syntax, der Redeformen und der Semantik geschehen. Es erfolgt eine Abstimmung auf die Sprachkompetenz der Altersgruppe der angesprochenen Leserschaft. Zusätzlich zu der Anpassung im sprachlichen Bereich grenzt Ewers davon den Bereich des Stils ab, der jedoch die selbe sprachliche Ebene betrifft. Ewers definiert die stilistische Rede als „eine gewisse Anzahl von Regelabweichungen von den alltagssprachlichen Normen" und sieht in der Anpassung durch stilistische Akkommodation eine „sekundäre, eine[...] kunstmäßige Formierung der Alltagssprache"[116]. Diese lasse sich häufig in Form von kinder- und jugendliterarischen Gattungsstilen ausmachen, da „sich diese Stile doch in der Regel nicht über die gesamte Literatur*art*, sondern nur über einzelne ihrer Gattungsbereiche"[117] erstrecke. Um kindlichen und jugendlichen Einstellungen und Haltungen Ausdruck zu verleihen, ist laut Ewers jedoch zumeist keine Akkommodation des Stils notwendig, da sich in der allgemeinliterarischen Kindheits- und Jugenddichtung bereits Redestile dieser Art finden lassen und nur aufgegriffen werden müssen.

Anders verhält es sich mit der formalen Gestaltung des Textes. Auf dieser Ebene, die die „Gesamtheit aller formalen oder strukturellen Aspekte des Textes, soweit diese einen satzübergreifenden Charakter aufweisen"[118], also die literarischen Bauformen und Darstellungstechniken umfasst, werden häufig Akkommodationen vorgenommen, um die Literatur kind- und jugendgemäß zu gestalten. Damit wird zum einen den eingeschränkteren Verarbeitungskompetenzen der jungen Leserschaft Rechnung getragen und zusätzlich der

---

114 Ebd., S. 206.
115 Vgl. ebd.
116 Ebd., S. 212.
117 Ebd.
118 Ebd., S. 213.

Konzentrationsfähigkeit und Aufmerksamkeit. Diese Anpassung kann bei epischen und dramatischen Texten beispielsweise im Bereich des Figurenensembles, der Handlungsstruktur, der Handlungsdarbietung und dem Grad der Handlungsbetontheit, also dem Anteil erörternder Passagen erfolgen. Auch die Form der Redewiedergabe und die Wahl der Erzählperspektive kann zu einer Kind- und Jugendgemäßheit des Textes beitragen. Die Anpassung im formalen Bereich trägt also nicht nur zur besseren Verständlichkeit, sondern auch zur Verstärkung der Attraktivität eines kinder- und jugendliterarischen Textes für seine potentielle Leserschaft bei.

Allgemein betrachtet lässt sich feststellen, dass eine formale Akkommodation häufig auf der Reduktion allgemeinliterarischer Bauformen basiert. Allerdings kann die Betonung ungebräuchlicher allgemeinliterarischer Techniken, wie beispielsweise eine direkte Leseransprache in kinder- und jugendliterarischen Texten, eine formale Akkommodation bewirken.

Auf einer höheren Ebene kann auch die Wahl und Modifikation des Stoffrepertoires für einen kind- und jugendgemäßen Text eine Rolle spielen. Unter Stoffen versteht Ewers

> Geschehnisse, Einzelhandlungen oder Handlungsfolgen zugehöriger Personen, Situationen und Weltzustände [...], soweit sie sich aus dem literarischen Werk nachträglich herauslösen oder im Zuge seiner Abfassung vorab auswählen und festlegen lassen.[119]

Bei der Wahl eines Stoffes muss zur kind- und jugendgemäßen Gestaltung laut Ewers eine Balance zwischen Vertrautheit und Fremdheit gefunden und damit auf „Kenntnisstand, [...] Lebenserfahrungen, [...] Neigungen und Interessen, [...] Wünsche und Begehren, [...] Phantasien und Utopien"[120] des potentiellen Lesers eingegangen werden. Kind- und Jugendgemäßheit erfordert daher nicht unbedingt eine stoffliche Akkommodation, eine stoffliche Eigenständigkeit oder Abweichung vom allgemeinliterarischen Repertoire. Innerhalb der Gattungsbereiche der KJL stellt Ewers kaum eine Originalität der Stoffe fest, sondern meist eine Entlehnung aus allgemeinliterarischen Überlieferungen. Eine Verarbeitung der Stoffe, angepasst an die kindliche und jugendliche Leserschaft, erachtet Ewers dennoch als notwendig und zählt dies unter die Kategorie des Inhalts.[121]

Inhaltsgestaltung umfasst demnach konkrete Stoffverarbeitungsweisen, die traditionsentstellend und unkonventionell sein können, aber nicht müssen. Eine

---

119 Ebd., S. 216.
120 Ebd.
121 An dieser Stelle sollte kritisch angemerkt werden, dass Ewers den Begriff des Motivs nicht gesondert aufnimmt. Seinem Beitrag „Zu unrecht verschmäht. Problemliteratur für Jugendliche und die Gattung der Problemerzählung" zufolge, gehalten auf der Kinder- und Jugendliteraturtagung in der Evangelischen Akademie Tutzing, 16. bis 18. Juni 2006, scheint Ewers nicht genauer zwischen Inhalt und Motiv zu unterscheiden („Die in einem literarischen Werk verarbeiteten Stoffe bezeichnen wir als dessen Inhalt bzw. dessen Motive", ebd., S. 7).

Akkommodation im inhaltlichen Bereich liegt dort vor, wo allgemein gängige Stoffverarbeitungsweisen für eine kind- und jugendgemäße Umsetzung nicht ausreichen. Ewers führt hier das Beispiel der Heldenposition an, die statt mit einer Erwachsenenfigur mit einem kindlichen oder jugendlichen Charakter besetzt wird. Wenn zusätzlich erklärende und informierende Passagen Eingang in die Texte finden, um Wissensdefizite über Hintergründe bestimmter Stoffe auf Seiten der kindlichen und jugendlichen Leser auszugleichen, kann dies auch als inhaltliche Akkommodation verstanden werden.

Vom den Bereichen der stofflichen und inhaltlichen Ebene eines Textes grenzt Ewers die thematische Gestaltung ab, die für ihn den „Schlüssel- oder Kernbereich eines literarischen Werks [darstellt], von dem aus die auf den bisher entwickelten Ebenen zu treffenden Entscheidungen gesteuert werden."[122] Es geht nach Ewers auf dieser Ebene „um die grundlegende Frage, wovon die Kinder- und Jugendliteratur eigentlich handeln soll."[123] Um Themen kind- und jugendgemäß zu gestalten, muss auch in diesem Bereich sowohl auf die Lebenserfahrungen, als auch auf die Interessen und Bedürfnisse der jungen Leserschaft eingegangen werden. Auf Grundlage dieser Voraussetzung nimmt Ewers Klassifizierungen der Themen vor: Zum einen die „Nähe zum bzw. Ferne vom präsumtiven Leser und seiner Lebenswelt"[124], die noch einmal in einen zeitlichen (Zukunfts-, Erwachsenen-, Kindheits- und Jugendthemen, sowie übergreifende Themen) und einen sachlich bzw. räumlichen Aspekt (Grad der Verschränkung kindlicher, jugendlicher und erwachsener Lebenswelten) untergliedert wird und zum anderen die Bedürfnis- und Interessenbefriedigung, die durch die thematischen Absichten erreicht werden. Zu einer Akkommodation auf der thematischen Ebene, also einer an die kindlichen und jugendlichen Leser angepasste Erweiterung des allgemeinliterarischen Themenrepertoires, ist die KJL laut Ewers kaum gezwungen, „da Kindheit und Jugend [...] seit dem 18. Jahrhundert zu den Kardinalthemen der allgemeinen Literatur des modernen Zeitalters gehörten."[125] Eine grundlegende Abweichung sieht Ewers nur in der Ausrichtung auf die aktuelle Lebenswelt der Kinder und Jugendlichen, die sich von der historischen Perspektive auf Kindheit in der allgemeinen Literatur unterscheidet.

Den letzten Bereich, den Ewers hinsichtlich der Kind- und Jugendgemäßheit eines Textes anspricht, ist die Bewertung oder Sinnbestimmung innerhalb eines Themas. Ausgehend von der Werkinstanz des „impliziten Autors als letztendlich geltenden Wertungsstandpunktes"[126]

---

122 Ewers: Literatur für Kinder und Jugendliche, S. 221.
123 Ebd.
124 Ebd., S. 222.
125 Ebd., S. 224.
126 Ebd., S. 225.

geht es um die Frage, „ob und in welchem Maße die in einem literarischen Werk definitiv geltenden Normen mit den Wertungen des präsumtiven Lesers konform gehen."[127] Der Autor kann trotz einer auf den anderen Ebenen kind- und jugendgemäßen Gestaltung des Textes im Bereich der Bewertung seine eigene Weltanschauung und Maßstäbe beibehalten, er kann jedoch auch versuchen diese zurück zu halten, dadurch zum Träger der Sichtweisen der jungen Leser werden und diese „unzensiert und unkommentiert zur Darstellung zu bringen."[128] Man hätte es in diesem Fall mit einer Rollendichtung zu tun. Eine kind- und jugendgemäße Akkommodation läge allerdings erst dann vor,

> wenn mit einer solchen Kinder- und Jugendlichenrollendichtung […] Sichtweisen und Wertungsstandpunkte zur Sprache gebracht würden, die im Horizont der Allgemeinliteratur bislang noch keine Artikulation erfahren hätten, so daß das System der literarisch repräsentierten Sichtweisen hierdurch eine Bereicherung erführe.[129]

Diese radikale Anpassung wird laut Ewers im Bereich der KJL kaum praktiziert.

4.2 Kind- und jugendgemäße Umsetzung

4.2.1 Stoff und Inhalt

Es hat sich gezeigt, dass Collins mit *Die Tribute von Panem* eine Trilogie geschaffen hat, die in der Tradition der klassischen Dystopien eine Warnung vor der negativen Entwicklung politischer Machtstrukturen und deren Auswirkungen auf die Gesellschaft darstellt. Gleichzeitig, und damit unterscheiden sich die Romane von ihren Vorläufern, ist den Texten eine Appellfunktion immanent, die zusammen mit der Option auf Hoffnung den Leser dazu ermutigt, sich auch gegen übermächtig erscheinende, unterdrückende Kräfte zur Wehr zu setzen.

Collins nimmt also einen bestehenden Stoff, den der totalitaristisch regierten Anti-Utopischen-Gesellschaft und die damit verbundene Problematik auf und gestaltet ihn für eine junge Leserschaft neu. Eine stoffliche Akkomodation und eine damit verbundene stoffliche Eigenständigkeit liegt somit nicht vor. Dies gilt auch für die weiteren Stoffe, die Collins zusätzlich in die Romane einbaut und durch die sie den Rahmen der Gattung deutlich ausweitet bzw. überschreitet. So lässt sie in ihre dystopische Welt mit der Idee der Hungerspiele auch antike Stoffe, wie die griechische Sage von Theseus und dem Minotauren und römische Gladiatorenspiele, in aktualisierter Form mit einfließen.[130] In *Brave New World*

---

127 Ebd.
128 Ebd., S. 226.
129 Ebd., S. 227.
130 Da diese Stoffe innerhalb des umfassenden Rahmens der dystopischen Welt eingebettet sind und nicht explizit in den Fokus dieser Analyse fallen, sollen sie an dieser Stelle nicht genauer untersucht werden, was

und *Nineteen Eighty-Four* hingegen ist die Unterdrückung durch ein totalitaristisches Herrschaftssystem, durch das beide Autoren in ihrem Leben geprägt wurden, die bestimmende stoffliche Grundlage.

Interessant ist auch der Blick auf die inhaltliche Umsetzung des dystopischen Stoffes für die jugendlichen Leser. Wichtigster Aspekt ist dabei die Besetzung der Außenseiterfigur mit einer Heldin im Alter der potentiellen Leserschaft, sowie weiterer zentraler Figuren der Romane. Diese Gestaltung lässt sich als eindeutige inhaltliche Akkomodation im Bezug auf die jugendlichen Leser einstufen, da in den klassischen Dystopien ausschließlich Erwachsene das Ensemble der zentralen Figuren stellen. Die Besetzung der Hauptfigur mit einem weiblichen Charakter ist zwar im Vergleich mit den klassischen Dystopien eine deutliche Veränderung, kann jedoch mit Blick auf die zeitgenössische literarische Landschaft, sowohl in der Erwachsenen- als auch in der KJL, nicht als typisch für die kinder- und jugendliterarische Umsetzung anti-utopischer Geschichten im Speziellen eingeschätzt werden, sondern ist einem modernen Umgang mit literarischen Figuren beider Geschlechter zuzurechnen, die heute gleichermaßen als Heldenfiguren fungieren können. Die Figur der Katniss ist zudem auf Grund ihres Charakters, der nicht nur typisch weibliche sondern auch traditionell männlich konnotierte Eigenschaften aufweist, nicht nur für Mädchen, sondern auch für Jungen als Identifikationsfigur geeignet.

Die Anlage der dystopischen Welt Panems erscheint zwar auf den ersten Blick sehr detailreich und anschaulich beschrieben, verglichen mit den klassischen Dystopien verzichtet Collins jedoch auf differenzierte Erklärungen über die Entstehung und Funktionsweisen ihres dystopischen Raumes. Während der Leser in *Brave New World* in den ersten drei Kapiteln mit der Tour durch das Central London Hatchery and Conditioning Center sehr detailliert, aber auch abstrakt und ohne Anbindung an einen bestimmten Charakter, die Struktur des World State vermittelt bekommt[131], erhält der jugendliche Leser in *Die Tribute von Panem* zunächst nur die wichtigsten Informationen, die für das Verständnis der Lage der Protagonistin Katniss relevant sind. Dazu gehören der Ablauf der Hungerspiele und die sogenannte Ernte, bei der die Tribute für die Spiele ausgewählt werden.[132] Der räumliche Aufbau Panems, die Herrschaft des Kapitols über die Distrikte und die verheerenden Zustände in Katniss Distrikt werden nur in Ansätzen erläutert. Collins steigt also ohne lange Einführung direkt in das Abenteuer der Protagonistin ein und zieht damit die jungen Leser direkt in den Bann der

---

jedoch nicht heißt, dass sie nicht bedeutsam für das Werk im Allgemeinen sind.
131 Vgl. Huxley: Brave New World, S. 1-50.
132 Vgl. Collins: Tödliche Spiele, S. 18-25.

Geschichte, weckt ihr Interesse und verhindert, dass sie durch einen abstrakteren Einstieg abgeschreckt werden. Sie setzt sich damit in der Gestaltung des Inhalts von den klassischen Dystopien ab und passt diese in Bezug auf den Aspekt der Textverständlichkeit an die jugendlichen Leser an.

Abschließend betrachtet liegt im Bereich des Inhalts keine unkonventionelle Stoffverarbeitung vor. Man kann jedoch von einer Anpassung sprechen, die vor allem durch Vereinfachungen und die Ausrichtung auf die Interessen der jugendlichen Leser erreicht wird. Mit der Wahl der jugendlichen Hauptfigur weicht Collins explizit vom bestehenden Repertoire der Erwachsenenliteratur ab und stellt mit dieser inhaltlichen Akkomodation eine Kind- und Jugendgemäßheit ihres Textes her.

4.2.2 Themen

Innerhalb des dystopischen Rahmens der Trilogie verarbeitet Suzanne Collins eine Vielzahl von Themen, sowohl solche, die in der anti-utopischen Literatur gängig sind, als auch Themen, die dazu beitragen, die Romane für ihre potentielle Leserschaft interessant und ansprechend zu machen. Den klassischen Dystopien entnimmt sie zunächst einmal die bereits im ersten Analyseteil angesprochenen Themen der Warnung vor totalitären Regimen und ihren Methoden zur Unterdrückung der Bevölkerung, sowie die Ausübung von Gewalt und Kriegshandlungen und die Darstellung einer Außenseiterfigur. Diese Themenbereiche sind allerdings nicht als genuin kind- und jugendgemäß zu bezeichnen. Nach Ewers sind sie eher als übergreifend zu kategorisieren, da sie sowohl für Kinder und Jugendliche als auch für Erwachsene relevant sind. Dies gilt zum Teil ebenso für jene Themen, die nicht spezifisch für den anti-utopischen Ansatz der Romane sind, die jedoch zur Lebendigkeit der Geschichte und zur Steigerung der Lesemotivation beitragen, da sie dem direkten Lebensumfeld der Leserschaft entnommen sind. Dazu gehört vor allem die Suche nach der eigenen Identität, wodurch, wie bereits erwähnt, ein wichtiges Element des Adoleszensromans aufgenommen wird. Passend dazu werden die allgemeine Abhängigkeit Jugendlicher von Erwachsenen, die sich besonders in der Vereinnahmung der Protagonistin durch die Führer der Revolution widerspiegelt, sowie die Themen Freundschaft und erste Liebe aufgenommen. Sie werden gleichwohl im Verhältnis der dystopischen Grundausrichtung problematisiert.[133]

---

133 Katniss Beziehung zu Peeta steht vor allem in den ersten zwei Bänden im Spannungsverhältnis von Katniss Unsicherheit über ihre Gefühle, Peetas wahrer Liebe zu ihr und der Pflicht der beiden Sieger sich vorgeblich, nach den Vorgaben Snows, dem Volk als Paar zu präsentieren. Auch Katniss Freundschaft mit Gale wird nicht nur durch ihre und Peetas Verbindung durch die Hungerspiele gestört, sondern am Ende auch im Bezug auf die Frage nach dem Einsatz von Gewalt während der Rebellion auf eine harte Probe gestellt (vgl. Collins: Flammender Zorn, S. 207 u. 401).

Mit der Aufnahme des Themas der Dominanz und Einflussnahme der Medien in Form der Inszenierung der Hungerspiele als Reality-TV-Spektakel in den ersten zwei Bänden und ihrer Funktionalisierung durch die Revolutionsführer im dritten Band, wird die Darstellung der dystopischen Welt um einen interessanten, sehr aktuellen Aspekt bereichert. Allerdings handelt es sich dabei nicht um eine kind- und jugendgemäße thematische Erweiterung, da dieses Thema zwar für heutige Jugendliche, die in einer von Medien geprägten Welt aufwachsen, von großer Relevanz ist, aber sich nicht von den Themen der allgemeinen Literatur absetzt.

Es lässt sich festhalten, dass im Hinblick auf das Grundthema der anti-utopischen Welt keine besondere Kind- und Jugendgemäßheit im Bereich der thematischen Gestaltung vorliegt. Unter Berücksichtigung der lebensweltlichen Realität der Jugendlichen ist dies allerdings nur allzu verständlich, da sie ebenfalls, wenn auch in einem geringeren Ausmaß als Erwachsene, mit den negativen Entwicklungen der Gesellschaft, mit Kriegen und Gewalt konfrontiert werden.[134]

4.2.3 Sprache und Form

In sprachlicher Hinsicht kann zunächst festgestellt werden, dass angepasst an den jugendlichen Ich-Erzähler eine vereinfachte Sprache, jedoch keine spezifische Jugendsprache benutzt wird. Dies ist erkennbar an der Verwendung kürzerer, einfach gebauter Sätze, der Bevorzugung direkter vor indirekter Rede und der Vermeidung schwieriger, abstrakter oder ungewohnter Begriffe.[135] Während sich die ersten Aspekte auf eine allgemeine kind- und jugendgemäße Anpassung beziehen, kann die Vermeidung komplizierter Begriffe auch im Hinblick auf die stilistische Umsetzung des dystopischen Genres betrachtet werden. Sowohl in *Nineteen Eighty-Four* als auch in *Brave New World* wird eine Welt dargestellt, die strukturelle und technische Neuerungen umfasst und die sich so weit von der Welt der Entstehungszeit der Romane unterscheidet, dass eine sprachliche Anpassung im Bezug auf technische Formulierungen und die Verwendung von Neologismen zur Erklärung und Veranschaulichung der Welt notwendig werden.[136] In *Die Tribute von Panem* vermeidet Suzanne Collins die Verwendung komplizierter Begriffe und die Beschreibung abstrakter

---

134 Vgl. Gansel: Moderne Kinder- und Jugendliteratur, S. 164.
135 Eine ausführlichere Erläuterung zum Aspekt der sprachlichen Vereinfachung in der KJL findet sich bei Regina Hoffmann: Der kindliche Ich-Erzähler in der modernen Kinderliteratur. Eine erzähltheoretische Analyse mit Blick auf aktuelle Kinderromane. Gießen 2009, S. 165.
136 Orwell entwickelt darüber hinaus mit dem „Newspeak" eine eigene Sprache, die in seiner dystopischen Welt zum Zweck der Unterdrückung eingesetzt wird.

Sachverhalte weitestgehend, um einen besseren Lesefluss zu ermöglichen.[137] Die wenigen Wortneuschöpfungen, wie beispielsweise „Avoxe"[138] oder „Mailmanschette"[139] werden auf einfache Art und Weise erklärt und auch für die andersartigen Lebensumstände in der Bunkerwelt des dreizehnten Distrikts entwirft Collins keine komplizierten Wörter oder Beschreibungen. Sie setzt sich somit auf sprachlicher Ebene von den klassischen Dystopien mit Rücksicht auf ihre potentielle Leserschaft ab.

In formaler Hinsicht sind neben der stilistischen Umsetzung auch die Erzählperspektive und die Wahl der Figuren in Kinder- und Jugendbüchern höchst relevant, da sie bestimmend für die Identifikationsmöglichkeiten sind, die sich für den jungen Leser bieten. Für dystopische Literatur erscheint der Aspekt auch deshalb wichtig, weil die Wahl der Themen und die inhaltliche Umsetzung häufig das Ziel verfolgen, dem Leser einen kritischen Blick auf seine Gesellschaft zu ermöglichen. Das führt allerdings meist zur Darstellung ungewohnter Handlungsorte und -umstände, in die der Leser leichter eingeführt werden kann, wenn er sich mit der Hauptfigur identifizieren kann. In anti-utopischen Romanen für Kinder und Jugendliche ist dies aufgrund des geringeren Erfahrungshorizont der Leser besonders hilfreich.

In *Die Tribute von Panem* folgt der Leser dementsprechend in allen drei Teilen in der Ich-Perspektive der Hauptfigur Katniss. Diese ist nicht nur Protagonistin, sondern gleichzeitig Erzählinstanz im Text. Es liegt folglich eine intradiegetisch-autodiegetische Erzählperspektive vor.[140] Mit der Ich-Perspektive hat sich Suzanne Collins für eine etablierte Erzählperspektive der KJL entschieden, die den jungen Leser im Normalfall nicht überfordert und ein hohes Identifikationspotential liefert.[141] Da er oder sie die Welt Panems nur aus Katniss Sicht wahrnimmt und nur ihren Kenntnisstand hat, kann der Leser mit ihr neue Erfahrungen machen und so die Ausmaße der Herrschaft des Kapitols, die Entwicklungen der Rebellion und die Einflussnahme der Anführer des dreizehnten Distriktes im dritten Band schrittweise erfassen und begreifen. Auf diese Weise vermeidet die Autorin, anders als die klassischen Dystopien, die Gesellschaft und die politischen Zustände in zu genauen Details beschreiben zu müssen, die den jungen Leser überfordern könnten. Dies gilt jedoch nur für diese

---

137 Dies ist allerdings auch der Tatsache geschuldet, dass die Zukunft, die Collins heraufbeschwört, im Bezug auf technische Entwicklungen eher einen Rückschritt zur aktuellen Gesellschaft darstellt.
138 Collins: Tödliche Spiele, S. 89.
139 Collins: Flammender Zorn, S. 28.
140 Vgl. dazu Martinez' und Scheffels' Ausführungen zur Stimme, in: Matias Martinez/ Michael Scheffel: Einführung in die Erzähltheorie. 6. Aufl. München 2005, S. 67-89.
141 Vgl. Monika Hernik: Zur narrativen Struktur ausgewählter Texte für Kinder und Erwachsene von Peter Härtling. In: Kinder- und Jugendliteratur und Narratologie, hrsg. von Carsten Gansel und Hermann Korte. Göttingen 2009, S. 123.

problematischen Aspekte des dystopischen Handlungsraumes, da die Welt Panems im Bezug auf trivialere Bereiche, wie die Kostüme der Tribute, das Aussehen bestimmter Figuren und der Eindruck des Reichtums des Kapitols auf die Protagonistin sehr detailreich geschildert werden, was wiederum die Attraktivität des Textes im Bezug auf die Interessen der Leserschaft erhöht.

Die Tribute von Panem ist durch die Wahl der Erzählperspektive wesentlich stärker auf die Handlung als auf erörternde Passagen fokussiert, wie es in den klassischen Dystopien der Fall ist. In *Brave New World* wechselt ein allwissender Erzähler beispielsweise laufend die Erzählperspektive und es kommt zu einer geschickten Montage verschiedener Ebenen.[142] Im Bezug auf die anti-utopische Grundlage ist daher kritisch anzumerken, dass die starke Fokussierung Collins' auf das Abenteuer der Protagonistin, die dystopische Warnfunktion im Verlauf der drei Bücher in den Hintergrund rücken lässt. Auch scheint diese vereinfachende Wahl der Perspektive nicht mehr ganz zeitgemäß zu sein, wie Melanie D. Koss in ihrer Studie „Young Adult Novels with Multiple Narrative Perspectives: The Changing Nature of YA Literatur"[143] erläutert. Sie weist darauf hin, dass Collins mit dieser formalen Gestaltung den aktuellen Trends im Bezug auf die Erzählperspektive hinterher hängt, da sich wechselnden Perspektiven, die den Lesern etwas mehr Kompetenz und Aufmerksamkeit abverlangen, eher durchzusetzen scheinen.

Die Wahl der Erzählperspektive wird hier jedoch nicht nur zur Komplexitätsreduktion mit Blick auf die potentielle Leserschaft genutzt, sondern auch um die Spannung innerhalb der Geschichte zu erhöhen. Solange die jugendlichen Leser nur Katniss' Informationsstand besitzen, sind sie auf überraschende Wendungen in der Geschichte nicht vorbereitet.[144] Dies wird besonders deutlich am Ende des zweiten Bandes, als Katniss und damit der Leser, zunächst glaubt, dass sie nach der Zerstörung der Arena der zweiten Hungerspiele vom Kapitol gefangen genommen wurde. Die wahren Hintergründe werden nach einer Phase der Ungewissheit, in der der Leser intensiv mitfiebern kann, erst durch ihre Wiederbegegnung mit Haymitch, ihrem Mentor bei den Hungerspielen, enthüllt, der sie über die Hintergründe der Rebellion aufklärt.[145]

Zum Moment der Spannungserzeugung trägt auch die Wahl des Tempusgebrauchs bei. Die

---

142 Vgl. Huxley: Brave New World, S. 26-50.
143 Melanie D. Koss: Young Adult Novels with Multiple Narrative Perspectives: The Changing Nature of YA Literature. In: The ALAN Review 36 (3) (2009), S. 73-80.
(http://scholar.lib.vt.edu/ejournals/ALAN/v36n3/koss.html, 24.06.2012).
144 Vgl. Silke Lahn, Jan Christoph Meister: Einführung in die Erzähltextanalyse. Stuttgart 2008, S. 162.
145 Vgl. Collins: Gefährliche Liebe, S. 419-425.

Romane sind auf der Basis des epischen Präsens geschrieben, durchbrochen von im Präteritum geschriebenen Analepsen, und damit grundsätzlich anders gestaltet als die klassischen Dystopien, die das Präteritum verwenden. Aus dieser Tempuswahl erzeugt die Autorin eine „erhebliche Wirkung im Sinne einer dramatischen Unmittelbarkeit"[146]. Die jugendlichen Leser durchleben zusammen mit Katniss die Hungerspiele, durchleiden mit ihr die anschließende Tour der Sieger durch das Kapitol, kehren mit ihr in die Arena zurück und folgen ihr durch das Kriegsgeschehen der Revolution ins Innere des Kapitols.

Zuletzt soll im Bezug auf die kind- und jugendgemäße Gestaltung der Dystopie, die den Romanen zugrunde liegt, die Gestaltung der Figuren miteinbezogen werden. Die jugendlichen Charaktere, allen voran die Protagonistin, aber auch die Jugendlichen in ihrem Umfeld, die mit ihr in das Abenteuer der Hungerspiele und der darauffolgenden Rebellion verstrickt sind, werden stark individualisiert dargestellt und ihre spezifischen Entwicklungen nachverfolgt. Wichtig ist dies im Bezug auf die Handlungsmacht, die den jugendlichen Figuren, anders als den Erwachsenen in den klassischen anti-utopischen Texten, eingeräumt wird. Glasenapp spricht vom genuin utopischen Potential, dass den dystopischen Texten für Kinder und Jugendliche eingeschrieben ist und das stark an ihre Charaktere geknüpft ist.[147] Dem Leser wird zwar eine Welt präsentiert, die ihm/ihr drastisch mittels negativer Überzeichnung die Missstände seiner eigenen Gesellschaft aufzeigt, aber es wird den gleichaltrigen Akteuren in dieser Welt auch die Option eingeräumt, Einfluss zu nehmen und ihre Umwelt in geringem Ausmaß zum Positiven zu verändern.

Diese Möglichkeit wird den Figuren der klassischen Anti-Utopien nicht zugebilligt. Sie sind dort vor allem Handlungsträger und Übermittler der vom Autor intendierten Warnfunktion und damit in letzter Konsequenz zum Scheitern verurteilt.[148]

4.2.4 Bewertung

Da es sich bei *Die Tribute von Panem* um einen Roman handelt, in dem gesellschaftliche Themen, wenn auch in die Zukunft versetzt und ins Negative gesteigert, verhandelt werden, stellt sich die Frage nach der Bewertung dieser Themen innerhalb der Texte und ob in normativer Hinsicht eine Kind- und Jugendgemäßheit vorliegt.

---

146 Peter Wenzel: Einführung in die Erzähltextanalyse. Kategorien, Modelle, Probleme. Trier 2004, S. 107.
147 Vgl. Gabriele Glasenapp: Apokalypse now! (http://www.uni-frankfurt.de/fb/fb10/jubufo/Tutzing-2012/GlasenappBeitrag1.pdf, 26.06.2012).
148 Vgl. Kay Sambell: Presenting the Case for Social Change: The Creative Dilemma of Dystopian Writing for Children. In: Utopian and Dystopian Writing for Children and Young Adults, hrsg. von Carrie Hintz und Elaine Ostry. London 2003, S. 165.

Die bereits mehrfach angesprochene Warnfunktion dystopischer Literatur weist darauf hin, dass grundsätzlich von einer in Teilen erziehenden, zumindest aber aufklärenden Intention auch in *Die Tribute von Panem* ausgegangen werden kann.

Zwar werden jugendliche Handlungsträger gezeigt und auch als Identifikationsfiguren genutzt, allerdings werden diese nicht in einer alltagsnahen Situation gezeigt, in der sie Erfahrungen der jungen Leser direkt widerspiegeln. Die Themen, die Ewers in seinen Ausführungen als beispielhaft für eine kind- und jugendgemäße Darstellung in normativ-wertender Hinsicht anführt, entspringen hingegen ihrer Grundthematik nach dem direkten Umfeld und Erlebnishorizont der jugendlichen Leser.[149] Diese Darstellung wirkt schablonenhaft und ist nicht einfach auf andere Texte übertragbar.

In *Die Tribute von Panem* wird den jugendlichen Lesern eine gewisse Fähigkeit zur Abstraktion abverlangt, um die Problematik des Textes in Bezug zur eigenen Lebensrealität zu setzen. Dies fördert die Autorin durch die beschriebene literarischen Gestaltung zur Anpassung an die Bedürfnisse der jungen Leserschaft. Durch die Anlage der gesamten Handlung, in der ein großer Teil des Volkes von einer kleinen Gruppe Herrschender arm und schwach gehalten wird und der Gestaltung der Figuren, deren Handlungen zweifelhaft oder veurteilungswürdig sind und auch durch die Haltung und Aussagen der Protagonistin als solche dargestellt werden, drückt die Autorin durchaus bestimmte Werturteile aus. Diese werden den Lesern allerdings, anders als es beispielsweise in der Kinderliteratur gängig ist, nicht explizit durch einen auktorialen Erzähler vermittelt, der mit erhobenem Zeigefinger aufzeigt, wo die Probleme der dargestellten Welt liegen. Durch diese Wahl der Erzählperspektive ist auch eine ironische oder satirische Distanzierung der Autorin zu den Handlungen der Figuren, wie beispielsweise in Brave New World, ausgeschlossen. Collins präsentiert hingegen eine Ich-Erzählerin, in deren scheinbar ungefilterten Weltsicht sich die jugendlichen Leser hineinversetzen können.

Auch wenn die Erzählperspektive vordergründig eine Person im Alter der Leser sprechen und die Welt aus ihrer Sicht erklären lässt, kann nicht von einer Rollendichtung im Sinne Ewers gesprochen werden, bei der der Autor versucht seine eigenen Sichtweisen hinter den vermuteten Haltungen der jungen Leser zurückzuhalten. Es ist bei den dargestellten dystopischen Themenbereichen schwierig, zu bestimmen, ob die Sichtweisen der jungen Leser widergespiegelt werden. Es besteht ein deutlicher Unterschied zu Ewers Beispielthemen, bei denen wesentlich einfacher einzuschätzen ist, wie Jugendliche die

---

149 Vgl. Ewers: Literatur für Kinder und Jugendliche, S. 226.

dargestellten Situationen bewerten und welche Haltung sie zu einem im Text dargestellten Konflikt höchst wahrscheinlich einnehmen würden. Dies ist in Texten mit einer grundsätzlich dystopischen Anlage und einer daran geknüpften pädagogisch-erziehende Grundausrichtung nicht möglich.

5. *Die Tribute von Panem* im Deutschunterricht

5.1 Kinder- und Jugendliteratur im Deutschunterricht

Seit mehr als drei Jahrzehnten gehört die KJL mittlerweile zum festen Vermittlungsfeld des Deutschunterrichts und wird in den Lehrplänen der Bundesländer für den Deutschunterricht explizit gefordert.[150] Was heute als selbstverständlich gilt, hat sich erst innerhalb der letzten vierzig Jahre etabliert, also zu einem relativ späten Zeitpunkt, betrachtet man die lange bestehende Tradition der KJL.

Es war die Erweiterung des Literaturbegriffs in den 1970er Jahren, die dazu geführt hat, dass sich Literaturwissenschaft, -didaktik und die Schule nicht nur für Gegenwarts- und Trivialliteratur, sondern auf für die KJL geöffnet haben. Wegbereitend war in diesem Zusammenhang das Werk „Kinder- und Jugendbücher als Klassenlektüre"[151] von Anna Krüger, in dem diese die erzählerische Qualität der KJL herausstellt, die mit literaturwissenschaftlichen Analysemitteln nachweisbar sei. Sie plädierte schon sehr früh für einen rezeptionsorientierten, also auf die Schülerinnen und Schüler[152] fokussierten Umgang mit der Literatur und sah in der Behandlung altersgemäßer Literatur in der Schule die Chance, Kinder und Jugendliche zu befähigen, sich kritisch mit dieser auseinanderzusetzen. Die sich in der folgenden Zeit bis in die 1990er Jahre entwickelnden Ansätze einer Didaktik der KJL hatten zum Ziel, einen „mündigen Leser" hervorzubringen[153] und entwickelten verschiedene Ansätze, wie dies mit Hilfe der KJL in der Schule umsetzbar sei.

Mit dem Paradigmenwechsel durch die rezeptionsorientierte Literaturdidaktik Ende der 1970er Jahre wurden die SuS und ihre Lese- und Verstehensweisen in den Mittelpunkt der didaktischen Überlegungen gerückt. In Bezug auf einen schülerorientierten Literaturunterricht geriet somit auch die „KJL zentral ins Blickfeld, denn sie bietet sich wegen ihres

---

150 Aus Gründen der Darstellbarkeit wird hier und im Folgenden auf Quellenangaben der Lehrpläne verzichtet. In den meisten Bundesländern können die Lehrpläne auf der Homepage des jeweiligen Kultusministeriums abgerufen werden.
151 Anna Krüger: Kinder- und Jugendbücher als Klassenlektüre. Analysen und Schulversuche. Ein Beitrag zur Reform des Leseunterrichts. Berlin 1963.
152 Schülerinnen und Schüler wird im Folgenden mit SuS abgekürzt.
153 Vgl. Günter Lange: Zur Didaktik der Kinder- und Jugendliteratur. In: Taschenbuch der Kinder- und Jugendliteratur, Bd. 2, hrsg. von Günter Lange. Baltmannsweiler 2005, S. 942-947.

Adressatenbezugs als sinnvolles Lese- und Interpretationsmaterial unmittelbar an.“[154] Der handlungs- und produktionsorientierte Literaturunterricht, der sich aus den Ansätzen der rezeptionsorientierten Literaturdidaktik entwickelt hat, stellt den analytisch-reflexiven Literaturunterricht in Frage und bietet einen guten Anknüpfungspunkt für den Einsatz von KJL im Unterricht, da diese sich nach Günter Lange „in besonderer Weise für alle produktiven Verfahren“[155] eignet.[156]

Da also Konsens darüber besteht, dass die KJL einen festen Platz im Deutschunterricht gefunden hat, stellt sich die Frage, welcher Nutzen sich aus der Behandlung dieser Texte für die literarische Sozialisation der SuS ziehen lässt und wie die praktische Umsetzung nach PISA und im Sinne der Kompetenzorientierung aussehen sollte.

Aus entwicklungs- und sozialpädagogischer Perspektive kann die KJL zur Befriedigung von Identifikationsbedürfnissen beitragen, da Kinder und Jugendliche sich in die gleichaltrigen Protagonisten hineinversetzen können. Dabei wird ihre Imaginationsfähigkeit gefördert und sie können im Leseprozess neue Erfahrungen machen. Die Perspektivübernahme trägt außerdem zur Förderung des Fremdverstehens bei. Die Leser können bei der Lektüre Parallelen zu ihrem eigenen Leben ziehen, was zum Anstoß von Reflexion und Verhaltensänderungen führen kann (Selbstverstehen[157]). Die verschiedenen Gattungen der KJL erfüllen auch in informatorischer Hinsicht die Bedürfnisse der Leser, weil ihre Stoffe sich im Interessengebiet der potentiellen Leser bewegen. „In kritisch-reflektorischer Hinsicht zeigt die KJL ihren Leserinnen und Lesern historische, soziale, politische, anthropologische Zusammenhänge auf. Sie stellt Denk-, Verhaltens- und Handlungsmuster vor und regt zum kritischem Nachdenken über sie an“[158] (Weltverstehen). Die ästhetische Form der KJL erleichtert den Zugang zur Literatur, weil sie „in ihren Sprach- und Darstellungsmustern den Gefühls- und Denkmustern, den Erfahrungen und Verhaltensweisen der jungen Leser“[159] entspricht und steigert so die Lesemotivation. Im Sinne des literarischen Lernens können über die aktuellen ambitionierten ästhetischen Programme der KJL die spezifischen Gestaltungsmittel und Gattungskonventionen der Literatur vermittelt werden (Textverstehen).

---

154 Ebd., S. 946.
155 Ebd.
156 Inwiefern dies der Fall ist, soll mit praktischen Bezug am Beispiel der Umsetzungsmöglichkeiten von *Die Tribute von Panem* im Deutschunterricht in Kapitel 5 gezeigt werden.
157 Die Bereiche Selbstverstehen, Weltverstehen und Textverstehen sind zur besseren Übersicht über die Aufgaben der KJL aus dem Aufsatz von Dieter Wrobel: Kinder- und Jugendliteratur nach 2000. Praxis Deutsch. Zeitschrift für den Deutschunterricht 224 (2010), S. 10f entnommen.
158 Ebd., S. 950.
159 Ebd.

Abschließend ist von Interesse, wie sich die Realität in der aktuellen Unterrichtspraxis darstellt. Während Lange am Ende der 1990er Jahre noch kritisiert, dass bei der Behandlung von KJL im Unterricht „lediglich Fragen des Inhalts eine Rolle [spielten]; literarästhetische Aspekte [...] nicht vor[kämen]"[160], kann hier mit Blick auf die aktuellen Lehrpläne der Bundesländer eine Weiterentwicklung der Didaktik der KJL festgestellt werden. Die Lehrpläne, die eine ausführlichere Beschreibung zum Umgang mit Jugendbüchern liefern, fordern fast alle eine Erarbeitung literarischer Gestaltungsweisen und gehen damit über die reine Erfassung des Inhalts in thematischer Perspektive hinaus. Auch der Forderung nach produktivem und handlungsbezogenem Umgang mit der KJL wird Rechnung getragen. Allerdings muss Langes Kritik an den Lektüreempfehlungen bestehen bleiben, da weiterhin keine Literatur der Gegenwart in die Lehrpläne aufgenommen wurden.

Relevant ist in diesem Zusammenhang auch die mangelnde Berücksichtigung phantastischer Literatur in den aktuellen Lehrplänen, sowohl aus dem Spektrum der KJL als auch der Erwachsenenliteratur. Ulf Abraham kritisiert, dass der Kanon und problemorientierte realistische Jugendbücher die Schullektüre dominieren, obwohl fantastische Literatur nachweisbar von den Heranwachsenden präferiert wird.[161] Wie die reale Umsetzung in den Schulen aussieht, kann im Rahmen dieser Arbeit nicht erfasst werden. Die folgenden Ideen zur Behandlung der Trilogie *Die Tribute von Panem* sollen jedoch eine Anregung für die Einbeziehung nicht nur altersgemäßer, sondern auch aktueller phantastischer Texte im Unterricht sein.

5.2 Umsetzung der Romane im Unterricht

Die folgenden Unterrichtsvorschläge stellen eine Ideensammlung zur Umsetzung von *Die Tribute von Panem* im Deutschunterricht des Gymnasiums dar.[162] Dabei wird nicht das Ziel verfolgt, eine vollständige Unterrichtseinheit oder einen konkreten Unterrichtsentwurf darzustellen. Die dafür erforderliche Entwicklung von Unterrichtsmaterialien oder spezifischer Aufgabenstellungen würde den angestrebten Umfang dieser Arbeit weit überschreiten. Es erscheint an dieser Stelle sinnvoller mit Rückbezug auf die dargestellten Analyseergebnisse ein gröber angelegtes, aber dennoch auf die Gattung der Dystopie fokussiertes Spektrum von Umsetzungsmöglichkeiten aufzuzeigen, das unterschiedliche

---

160 Günter Lange: Zur Didaktik der Kinder- und Jugendliteratur. In: Taschenbuch der Kinder- und Jugendliteratur, Bd. 2, hrsg. von Günter Lange. Baltmannsweiler 2005, S. 964.
161 Vgl. Ulf Abraham: Fantastik in Literatur und Film. Eine Einführung für Schule und Hochschule. Berlin 2012, S. 191.
162 Diese Beschränkung ergibt sich aus der Funktion dieser Arbeit, die als Masterarbeit im Studiengang Master of Education für das gymnasiale Lehramt eingereicht wird.

Klassenstufen und Herangehensweisen mit Blick auf die Vorgaben der Lehrpläne und der zu fördernden Kompetenzen berücksichtigt.

Da die Altersempfehlung des Oetinger Verlags bei vierzehn Jahren liegt, erscheint ein Einsatz der Bücher ab der 8. Klasse angebracht. Diese Einschätzung entspricht auch den Vorgaben der Lehrpläne der Bundesländer, die teilweise die Beschäftigung mit Jugendbüchern ab der 5. Klasse empfehlen, den Schwerpunkt aber fast alle explizit auf die 7. und 8. Klasse legen. Mehr oder weniger detailliert wird in den Richtlinien der Umgang mit altersgemäßen Texten gefordert. Es wird sowohl auf die Aneignung analytischer Verfahren zur Erschließung der Form der Texte (Handlungsverlauf und -struktur, Spannungsbogen, Ort und Zeit der Handlung, Handlungsmotive der Figuren, sprachliche Merkmale, Erzählperspektive) und ihrer Thematik verwiesen, als auch die Förderung der Lesemotivation und -kompetenz herausgestellt. Über die 8. Klasse hinaus wird nur in den wenigsten Bundesländern zum Einbezug von Jugendromanen angeregt und in der Sekundarstufe II spielen sie nahezu keine Rolle mehr. Diese Vorgaben entsprechen allerdings nur zum Teil den Lesegewohnheiten der Jugendlichen. In der Zielgruppe der Vierzehn- bis Fünfzehnjährigen werden die meisten Jugendbücher konsumiert, doch trotz des Rückgangs der allgemeinen Lesebereitschaft in der Altersgruppe der Sechzehn- bis Neunzehnjährigen machen Jugendbücher auch für Heranwachsende dieser Altersstufe einen großen Teil der rezipierten Literatur aus.[163] Da die Texte und ihre Themen zum Teil auch in der Sekundarstufe II noch den Interessen der SuS entsprechen, sollte eine Behandlung von Jugendbüchern in dieser Klassenstufe nicht generell ausgeschlossen werden, auch wenn Bücher aus dem Kanon der Erwachsenenliteratur verständlicherweise den Schwerpunkt ausmachen.

Jugendbücher, auch jene aus dem Bereich der phantastischen Literatur, zu gesellschaftskritischen Themen, die zur Förderung kritischen Denkens über die eigene gesellschaftliche Situation anregen, können demnach gewinnbringend auch in höheren Klassenstufen eingesetzt werden. Natürlich ist in der Sekundarstufe II eine andere Herangehensweise als in den unteren Klassenstufen gefordert, die idealerweise auch Sachtexte und klassische anti-utopische Texte miteinbezieht und differenziertere Fragestellungen für ein elaborierteres Verständnis erfordert. Auch ein fächerübergreifender Ansatz mit den Fächern Politik, Philosophie oder Geschichte wäre im Bezug auf den

---

163 Kinder- und Jugendbücher. Marktpotential, Käuferstrukturen und Präferenzen unterschiedlicher Lebenswelten. In: Studienreihe Marktforschung, hrsg. vom Börsenverein des Deutschen Buchhandels, in Zusammenarbeit mit der Arbeitsgemeinschaft von Jugendbuchverlagen e.V. (avj). Frankfurt am Main 2007. (http://www.boersenverein.de/sixcms/media.php/976/Kinder-und%20Jugendb%FCcher%20final.pdf, 19.06.2012).

gesellschaftlichen Aspekt denkbar. Eine Vermittlung der Geschichte der Utopie, wie sie in Kapitel 3.1.1 überblicksartig gezeigt wurde, die Bedeutung dieser Gedankenspiele für die Entwicklung von Gesellschaften und ein kritisches Hinterfragen dieser Ideen mit Hilfe literarischer Anti-Utopien können somit zu einer breit gefächerten Vermittlung dieses Themas beitragen. Dabei kann die Berücksichtigung von vielgelesenen Jugendromanen wie *Die Tribute von Panem* zur Steigerung der Motivation beitragen. Hierbei sollten die Texte weniger im Vollzug ihrer Identifikationsangebote, sondern vielmehr distanziert kritisch auf ihre Aussagen und Wertungen bezüglich des dystopischen Themas betrachtet und die in dieser Arbeit herausgestellten Abweichungen von allgemeinliterarischen Umsetzungen thematisiert werden.

Ausgehend von den Lesegewohnheiten der Jugendlichen und den Vorgaben des Kerncurriculums[164], werden im Folgenden Ideen zur Umsetzung der Panem-Trilogie im Deutschunterricht der Sekundarstufe I ausführlicher dargelegt. Den Umsetzungsvorschlägen für die 8. Klasse ist eine Beschäftigung mit dem gesamten ersten Band zugrunde gelegt, weshalb auch Methoden zur Einbeziehung der Panem-Trilogie als Ganzschrift im Unterricht erläutert werden. Für die 9. und 10 Klasse erscheint eine Beschäftigung mit der Trilogie in Auszügen zu verschiedenen Themen sinnvoll.

5.3.1 Vorschläge für die 8. Klasse

Für die 8. Klasse wird die Aufnahme einer Ganzschrift in den Unterricht angeraten, weshalb sich die folgenden Vorschläge für diese Klassenstufe auf die Behandlung eines ganzen Romans und nicht auf die Einbeziehung einzelner Textabschnitte im Rahmen des Themas Dystopie bzw. Anti-Utopie konzentriert. Da schon der erste Band der Panem-Trilogie knapp vierhundert Seiten umfasst, ist die Behandlung aller drei Teile aus Zeitgründen von vorne herein auszuschließen. Dennoch sollte der Anspruch bestehen, den Unterricht so ansprechend zu gestalten, dass die SuS Lust auf die gesamte Trilogie bekommen. Um allen SuS Zugang zu den Büchern zu verschaffen, sollten der zweite und dritte Band entweder in der Schulbibliothek oder in einer Bücherkiste in der Klasse stehen und dort frei zugänglich sein. Auf diese Weise können Barrieren, die vor allem bei Weniglesern vorhanden sind, abgebaut werden und auch jene zum Lesen eines so umfangreichen Werkes angeregt werden, die dies aus eigener Initiative nicht tun würden.

---

164 Da diese Masterarbeit an der Georg-August-Universität Göttingen vorgelegt wird, beziehen sich die Angaben zu Kompetenzen im Deutschunterricht auf die Vorgaben des Kerncurriculums Niedersachsen. Vgl. Kerncurriculum für das Gymnasium. Schuljahrgänge 5-10 Deutsch. Niedersächsisches Kultusministerium. Hannover 2006. (http://db2.nibis.de/1db/cuvo/datei/kc_gym_deutsch_nib.pdf, 26.06.2012).

Bleibt die Frage nach einer Umsetzung, die es ermöglicht den ersten Band in Gänze zu behandeln. Generell ist es sinnvoll, dass SuS sich einen Roman im Unterricht sukzessive begleitet erarbeiten. Da jedoch die Sprache in *Die Tribute von Panem* nicht zu anspruchsvoll ist und sich auf Grund der schrittweisen Heranführung an die Welt und die Geschichte über die Perspektive der Protagonistin auch keine Verständnisschwierigkeiten ergeben sollten, die den Lesefluss zu stark hemmen könnten, ist es möglich, über die Dauer einer Unterrichtseinheit einzelne Kapitel oder Abschnitte auch zu Hause lesen zu lassen.

Mit der Erststellung eines Lesetagebuchs oder Portfolios kann die Beschäftigung mit einem Roman dokumentierend begleitet werden. Über verschiedene Schreib- oder Kreativaufgaben, beispielsweise das Malen von Bildern zu den gelesenen Textabschnitten, können die SuS ihre Erfahrungen mit dem Text festhalten und vertiefen. Die Lehrkraft bekommt zudem einen Eindruck davon, wie die SuS mit dem Text umgegangen sind und worauf sie im weiteren Unterrichtsverlauf aufbauen kann. Die Bedeutung des Lesetagebuchs im Allgemeinen und mit Bezug zur Förderung der Lese- und Schreibkompetenz fasst Ingrid Hintz in „Das Lesetagebuch: intensiv lesen, produktiv schreiben, frei arbeiten" folgendermaßen zusammen:

> Die Auseinandersetzung mit dem Gelesenen im Lesetagebuch soll den Schülerinnen und Schülern Raum für primäre, subjektive Textzugänge, für ihre persönliche Auslegung, ihre Zustimmung und/oder Ablehnung im Hinblick auf Inhalte, Personen, Problemstellungen und Sprache des Gelesenen geben. Dies kann bewusstseinserhellend und -erweiternd wirken, denn die beim Schreiben und/oder Gestalten sich vollziehende Verarbeitung von Leseerlebnissen und -eindrücken kann ein reflexives Beobachten der individuellen Textrezeption und des eigenen Lese- und Schreibprozesses ermöglichen und zugleich eine Grundlage für anschließende kommunikative Prozesse in der Lerngruppe bieten.[165]

Mit Hilfe dieser Methode können also verschiedene Kompetenzen in den Bereichen Lesen, Schreiben und im Anschluss auch Sprechen und Zuhören gefördert werden.

Der Einstieg in den Text sollte im Unterricht geschehen, um die ersten Erfahrungen methodisch und didaktisch zu unterstützen und damit die Motivation für die weitere Beschäftigung zu steigern. Dazu könnten beispielsweise die ersten zwei Kapitel[166] entweder durch die Lehrkraft oder einen gut lesende/n SchülerIn laut vorgelesen werden. Dieser erste Abschnitt bietet sich an, da bis zu dieser Stelle im Text bereits grundlegende Informationen bezüglich des Aufbaus der dystopischen Welt, der Diskrepanz zwischen Distrikt 12 und dem Kapitol sowie der Bedeutung, des Ablaufs und der Entstehungsgeschichte der Hungerspiele vermittelt werden. Mit der freiwilligen Meldung der Protagonistin wird der Leser bis zu dieser

---

165 Ingrid Hintz: Das Lesetagebuch: intensiv lesen, produktiv schreiben, frei arbeiten. Bestandsaufnahme und Neubestimmung einer Methode zur Auseinandersetzung mit Kinder- und Jugendbüchern im Deutschunterricht. 4. korr. Aufl. Baltmannsweiler 2011, S. 4.
166 Collins: Tödliche Spiele, S. 7-40.

Stelle auch mit der Problemlage der Heldin bzw. Außenseiterin vertraut gemacht. Die SuS lernen zudem alle Haupt- und bereits wichtige Nebencharaktere kennen und erfahren über Rückblenden etwas über die Beziehung zwischen Katniss und Peeta. Im Anschluss können diese Textinformationen zusammengetragen und beispielsweise Mindmaps, z.B. zum Distrikt oder den Figurenkonstellationen, sowie Steckbriefe zu den Figuren erstellt und die gewonnenen Erkenntnisse für alle visualisiert werden.

Ein emotionaler und offener, dadurch jedoch nicht weniger geeigneter Einstieg, ist eine textbezogene Phantasiereise, bei der die Lehrperson Teile des ersten Kapitels langsam vorliest und dabei die Vorstellungen der SuS mit einfließenden Kommentaren durch die Welt Panems lenkt. Dieses Vorgehen bietet sich bei phantastischen Texten an, da die SuS sich auf diese Weise in die fremde Welt einfinden, erste Vorstellungen entwickeln können und für eine weitere Beschäftigung motiviert werden. Im Anschluss kann mit den Imaginationen, die die SuS in der akustischen Begegnung mit dem Text entwickelt haben, in einem Gespräch oder auch mit Hilfe einer kreativen Anschlussaufgabe weitergearbeitet werden.

Das Lesen eines Romans ermöglicht den SuS auf Grund seines Umfangs eine intensive, verlangsamte Auseinandersetzung mit einem Text, durch die sie im Leseprozess Vorstellungen entwickeln und Erfahrungen in Bezug auf auf den Text[167] und mit sich selbst machen können. Um diese Prozesse zu unterstützen und einen offenen Austausch von Leseverständnis und Leseerfahrungen zu fördern, sollten vor allem produktions- und handlungsorientierte Verfahren für die Beschäftigung mit der Trilogie herangezogen werden.

Wie bereits mehrfach dargestellt, kommt der Außenseiterfigur in dystopischen Romanen eine besondere Bedeutung zu. Die SuS sollen sich daher mit der Protagonistin und ihrer Rolle in der Geschichte auseinandersetzen, sich ihren Charakter und die Motive für ihr Handeln erschließen. Dazu müssen sie sich in die Figur hineinversetzen, wodurch ihre Empathiefähigkeit, die Fähigkeit zur Perspektivübernahme und damit das Fremdverstehen gefördert wird. Durch die autodiegetische Perspektive in der Erzählung wird ihnen der Zugang erleichtert.[168] Die Figur der Katniss durchläuft in der Geschichte schwierige Phasen

---

167 Handlungs- und produktionsorientierten Verfahren können nicht nur zur Leseförderung, zur imaginativen Vergegenwärtigung eines Textes oder zur Förderung von Differenzerfahrungen eingesetzt werden, sondern auch zur Analyse von Form und Stil eines Textes. Damit wird der wichtigste Aspekt einer rein formalästhetischen Behandlung eines Textes, die leider noch häufig gängige Unterrichtspraxis ist, berücksichtigt und darüber hinaus die SuS und ihr Verhältnis zum Text miteinbezogen.

168 Die Beschäftigung mit der Hauptfigur und ihrer Perspektive kann auch mit einer Analyse des Textes in formaler Hinsicht verbunden werden. Die SuS sollen analysieren, welche Perspektive vorliegt und welche Funktion sie im Text erfüllt. Dadurch wird ein Zusammenhang von Inhalt und Form erschlossen und bereits vorhandene Kompetenzen zur Untersuchung literarischer Texte vertieft.

und gerät immer wieder in Situationen, in denen sie wichtige Entscheidungen treffen muss. Beispielsweise als sie sich freiwillig für die Hungerspiele meldet, im Verlauf der Spiele und schließlich in der zentralen Szene mit Peeta am Ende. An diesen drei Punkten im Text könnten sich die SuS die innere Verfassung der Protagonistin zum Beispiel durch eine Stimmenskulptur veranschaulichen. Bei diesem Verfahren der szenischen Interpretation machen sich die SuS durch das Aussprechen der aus ihrer Sicht passenden Gedanken der Protagonistin ihre Interpretation gegenseitig zugänglich.[169] Diesem Sichtbarmachen geht eine intensive Beschäftigung mit dem Text voraus, bei dem die eigenen Erfahrungen der SuS wachgerufen und für die Rezeption zugänglich gemacht werden.[170] In einem anschließenden Gespräch werden die verschiedenen Sichtweisen diskutiert und die SuS bekommen die Möglichkeit ihre eigene Interpretation zu bestätigen, zu überdenken oder zu revidieren und erweitern damit ihren Erfahrungshorizont und ihr Textverständnis. Bei einer mehrfachen Anwendung der Methode wird auch die Entwicklung der Figur für die SuS sehr gut erkennbar. Die SuS können auf dieses Weise auch Erfahrungen über sich selbst machen, wenn sie ihre Interpretation im Spiegel der Vorstellungen ihrer Mitschüler reflektieren oder sich fragen, wie sie selbst an Stelle der Figur gehandelt hätten. Mit Hilfe dieser Methode wird demnach nicht nur die Forderung des Kerncurriculums nach handlungs- und produktionsorientierten Verfahren erfüllt und der Bereich Sprechen und Zuhören berücksichtigt, sondern auch literarisches Lernen gefördert, da „subjektive Involviertheit und genaue Wahrnehmung miteinander ins Spiel"[171] gebracht werden.

Da die SuS die Welt Panems nur aus der Sicht der Protagonistin vermittelt bekommen, können sie eine differenzierte Sicht auf bestimmte Situationen und Geschehnisse erlangen, indem sie eine Szene aus der Perspektive einer anderen Figur verfassen. Durch diese Schreibaufgabe werden nicht nur die Sichtweisen und Haltungen anderer Figuren, sondern auch das Verständnis wichtiger Abschnitte in der Geschichte erschlossen. Die SuS könnten in einem Tagebucheintrag oder einem Brief den Ablauf der Hungerspiele, durch die Augen Gales, der in Distrikt 12 zurückbleibt und das Schicksal seiner Freundin Katniss mitansehen muss, beschreiben. Dadurch wird ihnen zusätzlich die Bedeutung der Spiele innerhalb der Gesellschaft leichter zugänglich. Dies kann auch erreicht werden, indem sich die SuS genauer

---

169 Genaueres zur Stimmenskulptur findet sich bei Ingo Scheller: Szenische Interpretation. Theorie und Praxis eines handlungs- und produktionsorientierten Literaturunterrichts in Sekundarstufe I und II, 3. Aufl. Seelze 2004, S. 74.
170 Vgl. Wolfgang Wangerin: Romane im Unterricht. In: Taschenbuch des Deutschunterrichts. Grundfragen und Praxis der Sprach- und Literaturdidaktik, Bd. 2, 8. unveränd. Auflage, hrsg. von Günter Lange/Karl Neumann/Werner Ziesenis. Baltmannsweiler 2003, S. 615.
171 Kaspar H. Spinner: Literarisches Lernen. In: Praxis Deutsch. Zeitschrift für den Deutschunterricht 200 (2006), S. 8.

in die Figur Peetas hineinversetzen, der die Mechanismen der Spiele schneller als Katniss durchschaut. Dazu können Szenen anhand passender Textstellen vorbereitet und in kleinen Gruppen dargestellt werden. Mit dieser Methode, die immer einen Rollenschutz[172] voraussetzt, können sich die SuS auch in unangenehmere Figuren, wie zum Beispiel die der Karrieros, der Tribute aus Distrikt 1 und 2, hineinversetzen, um einen differenzierteren Blick auf die Spiele zu erlangen. Mit dieser Methode wird auch Fremdverstehen besonders gefördert.

Um die Beziehung zwischen einzelnen Figuren generell und zu verschiedenen Zeitpunkten im Text darzustellen, bietet sich der Bau verschiedener Varianten von Standbildern.[173] Dazu müssen sich die SuS vorab in kleinen Gruppen sehr genau über die Figuren und ihre Haltungen zueinander austauschen, wodurch der Kompetenzbereich Sprechen und Zuhören gefördert wird. Im Anschluss können die SuS durch Einnehmen einer bestimmten Haltung oder das Arrangieren und Formen von Mitschülern nach ihrer Vorstellung der Figurenkonstellation Ausdruck verleihen. Die Beziehung zwischen Katniss und Peeta kann neben dieser Variante auch durch das Spielen bestimmter Szenen genauer analysiert werden. Mittels einer Befragung der SuS in ihren Rollen durch den Spielleiter werden ihre Ansichten über die Gefühle und Gedanken der Figuren für alle sichtbar gemacht.

Im Verlauf einer Unterrichtseinheit zu *Die Tribute von Panem* sollten neben den Figuren und dem Handlungsverlauf auch die verschiedenen Problembereiche in der Gesellschaft Panems erschlossen werden. Die Bedeutung der Hungerspiele muss dabei nicht nur im Bezug zu den Hauptfiguren im Text, sondern auf einer globalen Ebene erfasst werden. Die SuS sollen erkennen, dass die Spiele unterschiedliche Funktionen innerhalb der Gesellschaft erfüllen, dass sie einerseits zur Unterdrückung der Distrikte und andererseits zur Unterhaltung der Bewohner des Kapitols veranstaltet werden.[174] Zur Erreichung dieser Erkenntnisziele kann die Klasse geteilt werden, wobei jeweils eine Hälfte die Bewohner der Distrikte und die andere die Menschen im Kapitol repräsentiert. Je nach Leistungsstärke der Klasse können dann zum Beispiel vorbereitete Fragen eines fiktiven Reporters zu den Spielen beantwortet werden oder die SuS verfassen einen freien Bericht aus der Sicht eines Vertreters ihrer Bevölkerungsgruppe. Auf diese Weise werden auch generelle Unterschiede zwischen den Kapitolbewohnern und denen der Distrikte, ihre unterschiedlichen Lebenslagen und Weltanschauungen bewusst gemacht. Zur Vorbereitung dieser Arbeit sollten je nach

---

172 Der Rollenschutz gewährleistet, dass „alles was [die SuS] […] aussprechen und zeigen, nur als Teil einer vorgegebenen Rolle in einer bestimmten Szene betrachtet wird" (Scheller: Szenische Interpretation, S. 58).
173 Vgl. ebd., S. 72.
174 Vgl. dazu die Analyseergebnisse aus Kapitel 3.3.2.

Leistungsstand der Lerngruppe bestimmte Textstellen, die diese Diskrepanz verdeutlichen, intensiver bearbeitet werden.[175]

Am Ende der Beschäftigung mit dem Roman könnten die SuS auch mit der Gattung der Dystopie vertraut gemacht werden, indem ihnen die unter 3.3 bereits vorgestellten Gattungsmerkmale, altersgemäß aufbereitet und an den Leistungsstand angepasst, dargestellt werden. Auf der Basis einer umfassenden Kenntnis des Textes sollten die SuS dann in der Lage sein, diese Merkmale, soweit sie im ersten Teil zu finden sind, im Text zu identifizieren. Dadurch erschließen sie sich nicht nur die Gattung, sondern kommen zudem zu einem tieferen Verständnis wichtiger Textstellen. Bei einer solchen komplexeren Aufgabe könnten die SuS auch in Gruppen zu den unterschiedlichen Themen arbeiten. Als Hilfestellung sollten ihnen dabei Textstellen vorgegeben werden, aus denen sie die Informationen zu den einzelnen Merkmalen durch genaues Lesen herausfiltern sollen. Ihre Ergebnisse können die SuS auf Postern, zum Beispiel durch Bild-Text-Collagen festhalten. Dieses Vorgehen erfordert eine gute Zusammenarbeit und einen regen Austausch in der Gruppe im Anschluss an die Analyse der Textstellen. Zudem müssen die SuS in diesem Verfahren Bilder und Ausschnitte aus ihrem eigenen Umfeld verwenden und dadurch Bezüge zwischen der dystopischen Welt Panems und ihrer eigenen herstellen.

Zum Schluss, ohne hier im Detail auf die Beschäftigung mit Verfilmungen im Unterricht oder die Methode der Filmanalyse eingehen zu wollen, sei noch der Hinweis gegeben, dass sich zur Förderung der Medienkompetenz auch die Einbeziehung der Verfilmung des ersten Teils der Panem-Trilogie, zumindest in Ausschnitten, anböte. Die augenfälligste Abweichung von der literarischen Vorlage, deren Untersuchung sich als Ergänzung zur Lektüre anbieten würde, ist die veränderte Perspektive in der filmischen Umsetzung. Die SuS könnten anhand einzelner Szenen analysieren, welche Unterschiede sich in der Wirkung und der Darstellung ergeben.

5.3.2 Vorschläge für die 9./10. Klasse

In Klasse 9 oder 10 des Gymnasiums lässt sich die Panem-Trilogie ebenfalls im Deutschunterricht einbringen. Dabei können verschiedene Vorschläge für die 8. Klasse, beispielsweise die Beschäftigung mit der Gattung der Dystopie oder mit der filmischen Umsetzung aufgenommen und auf das erhöhte Anforderungsniveau dieser Klassenstufen

---

175 Die Haltung der Kapitolbewohner zu den Spielen und ihr hoher Lebensstandard werden an verschiedenen Stellen im dritten bis sechsten Kapitel deutlich, in denen die Zugreise und die Ankunft im Kapitol beschrieben ist (vgl. Collins: Tödliche Spiele, ab S.49).

ausgebaut werden. Mit Berücksichtigung der curricularen Vorgaben, die in den meisten Fällen kanonische Texte als Ganzschriften empfehlen, und um an dieser Stelle auch die anderen zwei Bände der Trilogie mit einzubeziehen, wird den Unterrichtsvorschlägen eine Beschäftigung mit den Romanen in Ausschnitten zu Grunde gelegt. Das bedeutet gleichzeitig eine stärkere Fokussierung auf bestimmte Themen und Aspekte im Text, die im jeweiligen Schuljahr in den Mittelpunkt des Deutschunterrichts gestellt werden können.

Ein mögliches Thema, unter dem die Romane in den Unterricht einbezogen werden können, ist die Beziehung zwischen Staat, Gesellschaft und Individuum. Dabei kann die Gattung der Dystopie als beispielhafte literarische Umsetzung diese Themas gewählt werden. Die SuS sollen am Text, ähnlich wie in der unter 3.3 dargestellten Analyse ermitteln, wie der Staat Panem aufgebaut ist, welche Mechanismen die staatliche Ordnung aufrecht erhalten und welche Rolle die Figuren in diesem System spielen. Damit geht die Figurencharakterisierung über das dargestellte Niveau in der 8. Klasse hinaus, weil die SuS die Figuren nicht nur als Charaktere, mit unterschiedlichen Eigenschaften und Verhältnissen zueinander, sondern als funktional im System der literarischen Welt begreifen lernen.

Die Rolle der Protagonistin als Außenseiterin kann in diesem Zusammenhang genauer thematisiert werden. Dazu bietet es sich an, ihre Tat am Ende der Spiele und deren Ausmaße im Bezug auf das dystopische Regime in den Blick zu nehmen. Die SuS können sich dazu nicht nur in die Rolle der Katniss, sondern auch in die der Organisatoren der Hungerspiele versetzen und sich überlegen, welche Schwierigkeiten sich für diese aus der Handlung der Protagonistin ergeben, die sie dazu zwingt die Regeln der Spiele zu ändern. Diese Aufgabe kann zunächst mit Hilfe der bereits vorgestellten szenischen Verfahren bearbeitet werden, bei der die SuS in der Vorbereitung lernen, durch die intensive Auseinandersetzung mit der Textstelle und unter Einbezug ihrer eigenen Erfahrungen und Vorstellungen eine wichtige Leerstelle innerhalb des Romans füllen.

Zusätzlich können die SuS selbstständig antizipieren, wie sich die Handlung der Geschichte im zweiten Band entwickelt. Diese Aufgabe kann in Form eines kreativen Schreibauftrags gestellt werden, bei dem die SuS versuchen ein erstes Kapitel des zweiten Bandes zu schreiben. Zur Bearbeitung dieser Aufgabe müssen sich die SuS zum einen mit der Bedeutung von Schlüsselszenen und den intertextuellen Bezügen auseinandersetzen, wodurch sie sich die narrative und dramaturgische Handlungslogik erschließen. Zum anderen setzt der kreative Schreibauftrag eine Analyse der sprachlichen Gestaltung des Textes voraus. Im Anschluss an diese Aufgabe könnte ein Abgleich der Ideen der SuS mit dem wirklichen Verlauf der

Geschichte anhand passender Textstellen erfolgen und Unterschiede und Gemeinsamkeiten in einem sich anschließenden literarischen Gespräch diskutiert werden.

Um auf die Funktionen und Positionen der Figuren in der dystopischen Gesellschaft der Romane zurückzukommen, könnte auch das Gespräch zwischen Katniss und Präsident Snow aus dem zweiten Band herangezogen werden.[176] Über den Bau eines Standbildes kann die Hierarchie zwischen den beiden Figuren in dieser Szene und ihre Bedeutung erschlossen und zum Ausdruck gebracht werden.

Unter dem Thema Macht und Gewalt im Kontext dystopischer Gesellschaftsentwürfe könnte eine genauere Auseinandersetzung mit der Darstellung von Krieg und dem Einsatz von Waffengewalt, sowohl auf Seiten des Kapitols, als auch im dritten Teil der Trilogie durch die Rebellen angeregt werden. Dabei sollen die SuS sich erschließen, inwieweit der Einsatz von Gewalt zur Aufrechterhaltung der totalitären Staatsordnung in der Panem-Trilogie beiträgt. Die Interpretation wird beispielsweise als kreativer Schreibauftrag gestellt, bei dem die SuS sich in die Figur des Machthabers Snow versetzen und aus seiner Sicht die Notwendigkeit des Gewalteinsatzes schildern. Durch diese Methode wird nicht nur die geforderte Schreibkompetenz, sondern auch das Fremdverstehen gefördert, da sich sie SuS in eine antagonistische Figur des Textes und ihre Ansichten hineinfühlen müssen. Zur Vertiefung können im Anschluss an die Vorstellung der Ergebnisse der SuS Textstellen aus *Brave New World* unter der Fragestellung hinzugezogen werden, warum der Einsatz von Gewalt in der von Huxley beschriebenen Gesellschaft obsolet geworden ist. Ausschnitte aus *Nineteen Eighty-Four* hingegen können zur Verdeutlichung der Funktion von Gewalt in totalitären Staaten dystopischer Texte eingebracht werden.

Auch mit der Frage nach der Notwendigkeit eines Einsatz von Gewalt in Krisensituationen, können sich die SuS anhand der Panem-Trilogie auseinandersetzen. Dazu sollten Textstellen aus dem dritten Band ausgewählt werden, die die Planung von gewaltsamen Anschlägen der Rebellen, zum Beispiel des Angriffs auf das militärische Zentrum des Kapitols in Kapitel 14 und 15, zeigen. Auch der Anschlag auf die vor dem Palast des Kapitols beherbergten Kinder[177] und die damit in Verbindung stehende Entwicklung von bestimmten Waffen durch Katniss' Freund Gale[178] sollte einbezogen werden. Über die konträren Positionen der Figuren Gale und Peeta, der eine pazifistische Haltung vertritt, kann das Verständnis der Problematik erleichtert werden. Die Ergebnisse der Textanalyse können in einer Erörterung zum Thema

---

176 Collins: Gefährliche Liebe, S. 27-38.
177 Collins: Flammender Zorn, S. 379.
178 Ebd., S. 206-207.

52

verschriftlicht und zusätzlich in einer Diskussionsrunde vertieft werden, bei der die SuS zunächst textnah die im Roman dargestellten Positionen vertreten und in einem zweiten Schritt auch losgelöst vom Text über den Einsatz von Gewalt in ihrer eigenen Lebenswelt diskutieren.

Zum Schluss kann die Gewaltdarstellung in den Romanen auch kritisch betrachtet werden. Die SuS können dazu Aussagen der Autorin selbst[179] und damit ihre Intention einbeziehen, um die intensive Darstellung der Gewalt im Text aus einem anderen Blickwinkel zu betrachten.

Nachdem sich die SuS genauer mit dem Einsatz von Gewalt im Text auseinandergesetzt haben, können sie daran anschließend auch die Funktionen der Medien innerhalb der dystopischen Gesellschaft genauer untersuchen. Dabei kann ein direkter Bezug zum vorherigen Thema hergestellt werden, indem die SuS sich bewusst machen, wie die mediale Darstellung und die bewusste Nicht-Darstellung von Gewalt zur Unterhaltung, Meinungsbildung und Propaganda in der dystopischen Gesellschaft Panems eingesetzt wird. Dabei sollten sowohl Textstellen zur medialen Inszenierung der Hungerspiele und der anschließenden Tour der Sieger im ersten und zweiten Band, als auch Ausschnitte aus dem dritten Band gewählt werden, die die bewusste Nutzung der Medien für die Zwecke der Rebellen und deren Kampf um die Medienhoheit in Panem verdeutlichen. Bei dieser Beschäftigung mit der Trilogie kann die Medienkompetenz der SuS auf verschiedenen Ebenen gefördert werden. Sie untersuchen und bewerten innerhalb der literarischen Welt die verschiedenen Wirkungsweisen von Massenmedien und können gleichzeitig einen Bezug zu ihrer eigenen Lebenswelt herstellen, indem sie beispielsweise Berichterstattungen zu einem kritischen Thema aus den Fernsehnachrichten, aus Zeitungen und aus dem Internet selbstständig sammeln, vergleichen und die angestrebten Wirkungsabsichten erschließen und anschließend diskutieren.[180] Dabei können immer wieder Bezüge zum literarischen Text hergestellt und das Textverständnis erweitert werden. Lohnenswert wäre auch die Einbeziehung entsprechender Textstellen aus *Nineteen Eighty-Four*, in denen passend zum Thema die Funktion der telescreens in Orwells Staat Ozeanien erarbeitet werden kann.

6. Abschließende Betrachtung und Ausblick

Die Trilogie *Die Tribute von Panem* von Suzanne Collins ist ein dystopischer Text, der sich in seiner inhaltlichen Ausgestaltung deutlich an den zentralen Merkmalen der klassischen Anti-

---

179 Scholastic: A Conversation, Questions and Answers. Suzanne Collins Author of the Hunger Games Trilogy.
(http://www.scholastic.com/thehungergames/media/suzanne_collins_q_and_a.pdf, 26.06.2012).
180 Vgl. Kerncurriculum Niedersachsen, S. 27.

Utopien orientiert. Die Autorin entwirft in ihrem Text einen totalitaristischen Staat, greift dabei problematische Aspekte der bestehenden amerikanischen Gesellschaft auf und übersteigert diese ins Negative. Dabei rückt sie den für anti-utopische Romane charakteristischen Außenseiter in den Mittelpunkt und stellt an ihm beispielhaft die Beziehung zwischen Individuum und unterdrückenden Staatsapparat dar.

Diese Zusammenfassung zeigt jedoch nur ein vereinfachtes Schema, dass der inhaltlichen Umsetzung des dystopischen Themas zugrunde liegt. *Die Tribute von Panem* ist jedoch ein Jugendbuch und als solches spezifisch für die junge Leserschaft konzipiert. Collins entwickelt auf der dystopischen Grundlage eine vielfältige Welt, deren Ausgestaltung auf sprachlicher, formaler, thematischer und inhaltlicher Ebene auf die Bedürfnisse der Jugendlichen abgestimmt ist. Ohne die Warnfunktion der Anti-Utopie aus dem Blickfeld zu verlieren, entwickelt Collins eine spannende Geschichte, deren Figuren, allen voran die Protagonistin, zur Identifikation einladen. Auf diese Weise erleichtert sie ihren Lesern den Zugang zu dem nicht unkomplizierten Thema und der dem Genre eigenen kritischen bis negativen Grundausrichtung.

Eine vertiefte Auseinandersetzung mit der Panem-Trilogie und anderen dystopischen Texten für Kinder und Jugendliche im Deutschunterricht empfiehlt sich aus mehreren Gründen: Die SuS können anhand dieser gesellschaftskritischen Textsorte Gegenentwürfe von Wirklichkeit erfahren, diese mit ihrer eigenen Lebenswirklichkeit abgleichen und dabei gleichzeitig das kritische Potential von Literatur erfassen. Das Moment der Hoffnung, das speziell für kind- und jugendgemäße Texte dieser Gattung charakteristisch ist, regt zu einer motivierenden und mobilisierenden Auseinandersetzung mit den im Text dargestellten Problemen im Bezug auf die eigene Lebenswelt an. Dadurch wird in der Beschäftigung mit der Literatur die persönliche Entwicklung der SuS als mündige Mitglieder der Gesellschaft gefördert. Dieses Potential der Texte kann durch ausgewählte Methoden und alters- und leistungsangemessene Aufgabenstellungen den SuS zugänglich gemacht werden und dabei gleichzeitig der Förderung verschiedener Kompetenzen dienen (siehe Kapitel 5).

In Anbetracht der zahlreichen Veröffentlichungen von Kinder- und Jugendbüchern, die dystopische Elemente aufgreifen und auf unterschiedliche Art und Weise verarbeiten, ist eine intensivere Beschäftigung mit diesen Texten innerhalb der KJL-Forschung erstrebenswert. Das dargelegte Potential dystopischer Jugendromane für den Deutschunterricht und das starke Interesse, das die potentielle Zielgruppe diesen entgegen bringt, sollte ein Anstoß für eine intensivere Auseinandersetzung mit dieser Textsorte innerhalb der Deutschdidaktik sein.

Davon ausgehend könnten nach dem Vorbild der hier dargestellten Ideensammlung konkrete Vorschläge und Materialien für den Deutschunterricht entwickelt werden.

7. Verwendete Literatur

Primärliteratur

Collins, Suzanne: Die Tribute von Panem. Tödliche Spiele. Hamburg 2009.

Collins, Suzanne: Die Tribute von Panem. Gefährliche Liebe. Hamburg 2010.

Collins, Suzanne: Die Tribute von Panem. Flammender Zorn. Hamburg 2011.

Huxley, Aldous: Brave New World. London 1994.

Orwell, George: Nineteen Eighty-Four. London 2000.

Sekundärliteratur

Abraham, Ulf: Fantastik in Literatur und Film. Eine Einführung für Schule und Hochschule. Berlin 2012, S. 191.

Baumgärtner, Alfred C.: Das Abenteuerbuch. In: Kinder- und Jugendliteratur: Ein Lexikon; Autoren, Illustratoren, Verlage, Begriffe, Bd. 7, Teil 5, hrsg. von Kurt Franz/Günter Lange/Franz-Josef Payrhuber. Meitingen 1995-2012, Grundwerk Juli 1995, S. 1-18.

Brüggemann, Theodor: Literaturtheoretische Grundlagen des Kinder- und Jugendschrifttums (1966). In: Aspekte der erzählenden Jugendliteratur, hrsg. von Ernst G. Bernstorff. Baltmannsweiler 1977, S. 14-34.

Ewers, Hans Heino: Was ist Kinder- und Jugendliteratur? Ein Beitrag zu ihrer Definition und zur Terminologie ihrer wissenschaftlichen Beschreibung. In: Taschenbuch der Kinder- und Jugendliteratur, Bd. 1, hrsg. von Günter Lange. Baltmannsweiler 2005, S. 2-16.

Ewers, Hans-Heino: Literatur für Kinder und Jugendliche. Eine Einführung in grundlegende Aspekte des Handlungs- und Symbolsystems Kinder- und Jugendliteratur. Mit einer Auswahlbibliographie Kinder- und Jugendliteraturwissenschaft. München 2000.

Franz, Kurt/Lange, Günter/Payrhuber, Franz-Josef (Hrsg.): Kinder- und Jugendliteratur: Ein Lexikon; Autoren, Illustratoren, Verlage, Begriffe. Loseblattsammlung. Meitingen 1995-2012.

Gansel, Carsten/Korte, Hermann (Hrsg.): Kinder- und Jugendliteratur und Narratologie. Göttingen 2009.

Gansel, Carsten: Moderne Kinder- und Jugendliteratur. Vorschläge für einen kompetenzorientierten Unterricht. 4. überarb. Aufl. Berlin 2010.

Haller, Karin: Science Fiction. In: Kinder- und Jugendliteratur der Gegenwart. Ein Handbuch, hrsg. von Günter Lange. Baltmannsweiler 2011, S. 349-363.

Hernik, Monika: Zur narrativen Struktur ausgewählter Texte für Kinder und Erwachsene von Peter Härtling. In: Kinder- und Jugendliteratur und Narratologie, hrsg. von Carsten Gansel und Hermann Korte. Göttingen 2009. S. 117-132.

Hintz, Carrie/Ostry, Elaine (Hrsg.): Utopian and Dystopian Writing for Children and Young Adults. London 2003.

Hintz, Ingrid: Das Lesetagebuch: intensiv lesen, produktiv schreiben, frei arbeiten. Bestandsaufnahme und Neubestimmung einer Methode zur Auseinandersetzung mit Kinder- und Jugendbüchern im Deutschunterricht. 4. korr. Aufl. Baltmannsweiler 2011.

Hoffmann, Regina: Der kindliche Ich-Erzähler in der modernen Kinderliteratur. Eine erzähltheoretische Analyse mit Blick auf aktuelle Kinderromane. Gießen 2009.

Idler, Martin d´: Die Modernisierung der Utopie: Vom Wandel des Neuen Menschen in der politischen Utopie der Neuzeit. Berlin 2007.

Krüger, Anna: Kinder- und Jugendbücher als Klassenlektüre. Analysen und Schulversuche. Ein Beitrag zur Reform des Leseunterrichts. Berlin 1963.

Klingberg, Göte: Kinder- und Jugendliteraturforschung. Eine Einführung. Wien 1973.

Lahn, Silke/Meister, Jan Christoph: Einführung in die Erzähltextanalyse. Stuttgart 2008.

Lange, Günter (Hrsg.): Taschenbuch der Kinder- und Jugendliteratur. 4. unveränd. Aufl. Baltmannsweiler 2005.

Lange, Günter (Hrsg.): Kinder- und Jugendliteratur der Gegenwart. Ein Handbuch. Baltmannsweiler 2011.

Lange, Günter/Steffens, Wilhelm (Hrsg.): Literarische und didaktische Aspekte der phantastischen Kinder- und Jugendliteratur. Würzburg 1993.

Lange, Günter: Adoleszensroman. In: Kinder- und Jugendliteratur: Ein Lexikon; Autoren, Illustratoren, Verlage, Begriffe, Bd. 7, Teil 5, hrsg. von Kurt Franz/Günter Lange/Franz-Josef Payrhuber. Meitingen 1995-2012, 3. Erg.-Lfg. Februar 1997, S. 1-22.

Martinez, Matias/Scheffel, Michael: Einführung in die Erzähltheorie. 6. Aufl. München 2005.

Meyer, Stephan: Die anti-utopische Tradition. Eine ideen- und problemgeschichtliche Darstellung. Frankfurt am Main 2001 (Europäische Hochschulschriften 1790).

Moylan, Tom: Scraps of the untainted sky. Science fiction, utopia, dystopia. Boulder, Colo. 2000.

Rank, Bernhard: Phantastische Kinder- und Jugendliteratur. In: Kinder- und Jugendliteratur der Gegenwart. Ein Handbuch, hrsg. von Günter Lange. Baltmannsweiler 2011, S. 171.

Sambell, Kay: Presenting the Case for Social Change: The Creative Dilemma of Dystopian Writing for Children. In: Utopian and Dystopian Writing for Children and Young Adults, hrsg. von Carrie Hintz und Elaine Ostry. London 2003, S. 163-178.

Scheller, Ingo: Szenische Interpratation. Theorie und Praxis eines handlungs- und produktionsorientierten Literaturunterrichts in Sekundarstufe I und II, 3. Aufl. Seelze 2004.

Kaspar H. Spinner: Literarisches Lernen. In: Praxis Deutsch. Zeitschrift für den Deutschunterricht 200 (2006), S. 6-16.

Steffens, Wilhelm: Moderne Formen des Erzählens in der Kinder- und Jugendliteratur. In: Taschenbuch der Kinder- und Jugendliteratur, Bd. 2, hrsg. von Günter Lange. Baltmannsweiler 2005, S. 844-861.

Steinz, Jörg/Weinmann, Andrea: Kinder- und Jugendliteratur der Bundesrepublik nach 1945. In: Taschenbuch der Kinder- und Jugendliteratur, Bd. 1, hrsg. von Günter Lange. Baltmannsweiler 2005, S. 97-136.

Suvin, Darko: Theses on Dystopia 2001. In: Dark Horizons. Science fiction and the dystopian imagination, hrsg. von Raffaella Baccolini und Tom Moylan. New York 2003, S. 187-201.

Wangerin, Wolfgang: Romane im Unterricht. In: Taschenbuch des Deutschunterrichts. Grundfragen und Praxis der Sprach- und Literaturdidaktik, Bd. 2, 8. unveränd. Auflage, hrsg. von Günter Lange/Karl Neumann/Werner Ziesenis. Baltmannsweiler 2003, S. 600-620.

Weber, Hartmut: Die Außenseiter im anti-utopischen Roman. Frankfurt am Main 1979 (Europäische Hochschulschriften 71).

Weimar, Klaus et al. (Hrsg.): Reallexikon der deutschen Literaturwissenschaft. Neubearbeitung des Reallexikons der deutschen Literaturgeschichte, Bd. 1. Berlin et al. 2007.

Wenzel, Peter (Hrsg.): Einführung in die Erzähltextanalyse. Kategorien, Modelle, Probleme. Trier 2004.

Wrobel, Dieter: Kinder- und Jugendliteratur nach 2000. Praxis Deutsch. Zeitschrift für den Deutschunterricht 224 (2010), S. 10-11.

Zeißler, Elena: Dunkle Welten. Die Dystopie auf dem Weg ins 21. Jahrhundert. Marburg 2008.

Internetquellen

Achtung, Mutter liest mit. In: Focus Schule online 5 (2009), 07.10.2009. (http://www.focus.de/schule/familie/erziehung/medien/medien-achtung-mutter-liest-mit_aid_443413.html, 26.06.2012).

Brennan, Geraldine: Suzanne Collina: the queen of teenfiction for tomboys. In: The Observer,

18.03.2012. (http://www.guardian.co.uk/theobserver/2012/mar/18/suzanne-collins-the-hunger-games-profile, 26.06.2012).

Bücher für Kinder. Die Lust am Weltuntergang. In: Focus Schule online 6 (2011), 01.12.2011. (http://www.focus.de/schule/magazin/archiv/buecher-fuer-kinder-die-lust-am-weltuntergang_aid_684424.html, 17.03.2012).

Fantasy: Welcher Verlag bietet was? In: boersenblatt.net Medien, 18.08.2011. (http://www.boersenblatt.net/media/747/BBL_2011_FantasyVerlage.648262.pdf, 18.06.2012).

Glasenapp, Gabriele: Apokalypse now! Future-Fiction-Romane und Dystopien für junge LeserInnen. Vortrag gehalten auf der Tagung „Albtraum Zukunft. Politisierung von Jugend und Jugendliteratur" der Evangelischen Akademie Tutzing. (http://www.uni-frankfurt.de/fb/fb10/jubufo/Tutzing-2012/GlasenappBeitrag1.pdf, 26.06.2012).

Kerncurriculum für das Gymnasium. Schuljahrgänge 5-10 Deutsch. NiedersächsischesKultusministerium. Hannover 2006. (http://db2.nibis.de/1db/cuvo/datei/kc_gym_deutsch_nib.pdf, 26.06.2012).

Kinder- und Jugendbücher. Marktpotential, Käuferstrukturen und Präferenzen unterschiedlicher Lebenswelten. In: Studienreihe Marktforschung, hrsg. vom Börsenverein des Deutschen Buchhandels, in Zusammenarbeit mit der Arbeitsgemeinschaft von Jugendbuchverlagen e.V. (avj). Frankfurt am Main 2007. (http://www.boersenverein.de/sixcms/media.php/976/Kinder-und%20Jugendb%FCcher %20final.pdf, 19.06.2012).

kjl&m forschung.schule.bibliothek. Geplante Themen der folgenden Hefte: 3/12 – Anti-Utopien. (http://www.ajum.de/html/kjl&m/kjl&m.html, 17.03.2012).

Koss, Melanie D.: Young Adult Novels with Multiple Narrative Perspectives: The Changing Nature of YA Literature. In: The ALAN Review 36 (3) (2009), S. 73-80. (http://scholar.lib. vt.edu/ejournals/ALAN/v36n3/koss.html, 24.06.2012).

Mesch, Stefan: Suzanne Collins. Jeanne d'Arc des Reality-TV. In: Zeit Online Literatur, 14.09.2010. (http://www.zeit.de/kultur/literatur/2010-09/suzanne-collins, 26.06.2012).

Miller, Laura: Fresh Hell. What´s behind the boom in dystopian fiction for young readers. In: The New Yorker, 14.06.2010 (http://www.newyorker.com/arts/critics/atlarge/2010/06/14/1 00614crat_atlarge_ miller?currentPage=1, 26.06.2012).

Pressemappe des Oetinger Verlags zu *Die Tribute von Panem* (http://www.dietributevonpane m.de/fileadmin/user_upload/Panem/Pressemappe_Collins_Die_Tribute_von_Panem.pdf, 17.03.2012).

Scholastic: A Conversation, Questions and Answers. Suzanne Collins Author of the Hunger Games Trilogy (http://www.scholastic.com/thehungergames/media/suzanne_collins_q_ and_a.pdf, 26.06.2012).

Scholastic Media Room. (http://mediaroom.scholastic.com/node/557, 07.07.2012).

Springen, Karen: Children´s Books: Apocalypse Now. Teens tur to dystopian novels. In: Publishers Weekly, 15.02.2010. (http://www.publishersweekly.com/pw/print/00000000/420 87-children-s-books-apocalypse-now.html, 26.06.2012).

Verlagsvertretung Taubner. (http://www.verlagsvertretung-taubner.de/index.php? option=com_content&view=category&id=1&layout=blog&Itemid=20, 07.07.2012).

Wildeisen, Sarah: Comics als Literatur. Zu viel Bild schadet der Bildung. In: taz.de, 20.10.2010. (http://www.taz.de/Comics-als-Literatur/!60061/, 26.06.2012).

Lightning Source UK Ltd.
Milton Keynes UK
UKHW022158030119
334912UK00007B/259/P